1681

Das Buch »Herrengedeck« ist mit über 200 000 Plays pro Folge einer der erfolgreichsten Podcasts Deutschlands. Seine Macherinnen holen ihre Leser da ab, wo Rollenklischees und Peinlichkeit aufhören – OKAY, WOW! Ariana Baborie und Laura Larsson wohnen zwar in Berlin und machen was mit Medien, aber bei ihnen herrscht Hippie-Blumenkranz-Verbot, sie fahren nicht mit dem Fixie-Klapprad zur Arbeit und Einhörner sind für sie nicht niedlich, sondern Pferde mit Gendefekt. Sie trinken samstagabends nicht Prosecco, sondern Bier und Korn. Die beiden berichten von Tinderdates, die im Fetischclub enden, und panischer Angst vor Duschkabinen, von Katzenhass und Polizeiliebe. Random Facts und Schnapsrezepte dürfen nicht fehlen. Darauf eine »Gisela«. Prost!

Die Autorinnen Ariana Baborie führt, seit sie denken kann, To-do-Listen und konnte davon schon einiges abhaken: Auftritte im Quatsch Comedy Club, bei Night Wash und bei Dieter Nuhr im Fernsehen, eine eigene Late-Night-Talkshow auf Sat.1, einen der meistgehörten Podcasts Deutschlands.

Laura Larsson ist zwar 30 Jahre alt, denkt aber trotzdem jeden Tag darüber nach, ob es noch möglich wäre, in Kalifornien Promqueen zu werden. Dabei kommt sie eigentlich aus der Kleinstadt Parchim und ist nach Berlin gezogen, um so berühmt zu werden wie Beyoncé.

ARIANA BABORIE   LAURA LARSSON

HERREN-
GEDECK

Geschichten, die wir nüchtern
niemals erzählen würden

Kiepenheuer
& Witsch

INHALT

WILLKOMMEN IM BUCH!

Ariana: Sag mal, meinst du, wir sollten ein Buch schreiben?

Laura: Cool! Jeder einzeln, oder?

Ariana: Nee, also ich dachte schon so, wie wir den Podcast machen. Also zusammen.

Laura: Du, wir müssen ja auch nicht immer alles zusammen machen ...

Ariana: Wir können auch einzeln ein Buch schreiben.

Laura: Ja, das wär mir lieber.

Ariana: Worüber würdest du ein Buch schreiben?

Laura: Hmm ... über ... ich würde gerne 'ne Highschool-Geschichte schreiben.

Ariana: Ich glaube, so was lesen nur superjunge Leute.

Laura: Nee, ich lese so was ja auch selber und bin ja superalt. Worüber wäre dein Buch?

Ariana: Ich hab mal angefangen, als Kind ein Buch über Mädchen auf dem Reiterhof zu schreiben. Die haben ganz viel erlebt mit den Pferden und sind selten zur Schule gegangen, nur geritten und mit den Jungs den Stall ausmisten und einmal ist auch ein Pferd gestorben, weil es sich mit dem Huf in einem Zaun verheddert hat. Aber ich glaube, da würd ich jetzt nicht mehr dahinterstehen.

Laura: Nee, glaub ich auch nicht ... oder eine Detektivgeschichte.

Ariana: Gute Idee!

Laura: Aber da muss man sich immer vorher schon überlegen, was dann passiert, damit's spannend bleibt, weißt du? Das ist mir zu aufwendig.

Ariana: Bei 'ner Highschool-Geschichte müsste man das nicht, oder was?

Laura: Naja, die sind ja generell eher flach aufgebaut ...

Pause.

Laura: Oder wir machen doch ein Buch zusammen, Ariana. Einfach wieder über uns. Ich glaube, das können wir tatsächlich am besten.

Ariana: So wie im Podcast, Geschichten, die wir selbst erlebt haben, ein spannendes Potpourri aus unserer persönlichen Welt, bloß in schriftlicher Form und mit sehr viel Alkohol im Schreibprozess?

Laura: Ja, genau!

Ariana: Dann bräuchten wir aber eine Lektorin, die unsere ganzen Rechtschreibfehler, die wir dann betrunken gemacht haben, wieder ausbessert.

Laura: Du, dafür brauch ich gar nicht trinken, um Rechtschreibfehler zu machen ...

Ariana: Und wer kauft das Buch, wenn wir eins schreiben? Warum sollte man sich das durchlesen, wenn man unsere sympathischen Stimmen dazu nicht hören kann?

Laura: Wir machen da einfach ein richtig gutes Cover mit unserem Foto drauf ...

Ariana: Das zieht, meinst du?

Laura: Ja, dann ist es erst mal egal, was da drinsteht.

Ariana: Stimmt. Wenn die Leute das dann gekauft haben, ist ja eh wurscht, was drin ist – dann haben sie es ja.

Laura: Genau.

Ariana: Außerdem haben so viele Leute so Bilderrahmen im Regal mit 'nem Foto von jemandem, dann können die unser Buch mit unserem Foto drauf da doch dekorativ danebenstellen.

Laura: Das reicht als Konzept völlig aus, finde ich. Am Ende, das muss uns halt klar sein, sind die Bewertungen wichtig, ne?

Ariana: Oh! Auf Amazon und so?

Laura: Ja ...

Ariana: Es gibt natürlich noch ganz viele andere Plattformen. Wie zum Beispiel eBay ...

Laura: ... oder Weltbild.

Ariana: So!

Laura: Wobei, ist auch egal – ich les' mir die einfach nicht durch, die Bewertungen. Das mach ich bei den Bewertungen zu unserem Podcast auf iTunes schon lange nicht mehr.

Ariana: Das ist 'ne gute Idee. Dann sollten wir aber wenigstens das Buch genauso anfangen wie den Podcast, um eine Stringenz herzustellen. Also mit einem persönlichen Fakt und einem Spiel.

Laura: Na dann ... machen wir einen Fakt und dann jeder irgendwelche Geschichten?

Ariana: Ja. Und der andere kommentiert es, so läuft unser Podcast ja auch.

Laura: Na gut, dann machen wir das. Aber ich garantiere für nichts.

Ariana: Ich auch nicht. Aber vielleicht hat der Verlag ja eine gute Haftpflichtversicherung.

WARUM AUCH DIESES BUCH NICHT
OHNE EIN SPIEL AUSKOMMT

Wer uns schon länger verfolgt – wir lieben ja Stalker –, der weiß, dass unser Podcast immer mit einem Fakt über uns beginnt. Irgendein Charakterzug, eine Angewohnheit oder Anekdote, die uns beschreibt. Weil wir uns nie entscheiden konnten, wer anfängt, gibt es dazu jedes Mal ein Spiel. Und da ein berühmter französischer Philosoph aus dem 15. Jahrhundert ja mal gesagt hat »Never change a running system«, wollen wir es bei diesem Buch genauso halten.

Unsere erste Idee war, bei jedem Leser persönlich vorbeizukommen, um das Spiel zu spielen und dann den Fakt vorzutragen, aber das haben wir dann doch verworfen. Laura geht nicht gerne raus, Ariana weiß nie, ob man fremden Menschen zur Begrüßung die Hand gibt oder sie umarmt, zu viele Gefahrenquellen.

Deswegen spielt ihr das Spiel jetzt alleine und je nachdem, wer gewonnen hat, lest ihr zuerst Lauras Fakt oder eben Arianas. Wie aufregend!

DAS SPIEL

Ihr nehmt einen Kronkorken von einer Bierflasche, alternativ geht auch der Deckel einer Mineralwasserflasche oder, im äußersten Notfall, die Verschlusskappe eines Reinigungsmittels. Unzulässig wäre jedoch der Deckel eines Mülleimers. Diesen werft ihr nun hoch in die Luft. Und mit hoch ist nicht Kopfhöhe gemeint, sondern mindestens so hoch, wie ihr mit ausgestreckten Armen kommen würdet. Nach oben hin gibt es keine Grenzen, es ist alles möglich. Eine Berührung mit der Zimmerdecke ist regelkonform. Landet der Deckel eurer Wahl nun mit der offenen Seite nach oben, lest ihr zuerst Lauras Fakt. Zeigt die offene Seite nach unten, lest ihr zuerst Arianas Geschichte.
Und los!

ARIANAS PERSÖNLICHER FAKT

Einige meiner merkwürdigen Charakterzüge und Gewohnheiten finde ich psychologisch wirklich auffällig und bedenklich. Einige teile ich mit anderen Menschen. Und bei einigen habe ich sogar eine Ahnung, woher sie kommen könnten.

Bei meinem heutigen Fakt gehe ich davon aus, dass der Ursprung in der Steinzeit zu verorten ist, jedenfalls zu einer Zeit, als es ums bloße Überleben ging und es an der Tagesordnung war, dass man von einem Mammut überrascht wurde und so schnell laufen musste wie Usain Bolt 2009 in Berlin beim Aufstellen des Weltrekordes im Hundertmeterlauf.

Aber von vorne: Es gibt viele unterschiedliche Arten, mir Angst einzujagen. Mit Spinnen, zum Beispiel. Klar, so sind sie, die Frauen: Sie lieben Schuhe, sie lieben Glitzer, gehen gerne shoppen und haben Angst vor Spinnen. Guilty as charged!

Außerdem muss ich mich, obwohl ich über dreißig und nicht drei bin, bis heute noch beim Arzt hinlegen, wenn ich eine Impfung bekomme oder mir Blut abgenommen wird, um zu verhindern, dass ich ohnmächtig auf dem Boden aufschlage. Ich habe panische Angst vor Nadeln. Und wundere mich selbst, dass mir die Arzthelferinnen nie ein pastellfarbenes Bärchenpflaster auf die winzige Einstichstelle kleben oder mich nach dem Spritzen fragen, ob ich mir noch etwas aus der bunten Spielekiste aussuchen möchte, so kindisch, wie ich mich dabei anstelle.

Bis hierhin aber vielleicht alles noch nachvollziehbar. Aber jetzt kommt's! Ich kriege panische Angst, wenn Leute *hinter mir rennen.*

Ich habe eine zwei Jahre jüngere Schwester, mit der ich mich im Grunde meine ganze Kindheit über gestritten habe. Und mit Kindheit meine ich, bis ich fünfundzwanzig war. Wir haben uns gekratzt, gebissen, getreten und sogar mit Stühlen beworfen. Bis meine Mutter – okay, es ist zufällig auch ihre, also unsere Mutter –, bis unsere Mutter wirklich hohe Strafen auf Kratzen, Beißen, Treten und Stühlewerfen ausgestellt hat. Dabei hat sie mit harten Mitteln gekämpft – Fernsehverbot, Süßigkeitenverbot und Reiterhofverbot. Ich bin mir sicher, sie hat sich damals mit dem Justizministerium abgesprochen.

Jedenfalls hat sie dadurch einigermaßen erfolgreich unsere körperlichen Auseinandersetzungen auf ein Minimum begrenzt, und meine Schwester brauchte eine Alternative, um mir zu schaden. Irgendwas, womit sie mich schikanieren konnte, ohne mich dabei zu berühren. Und sie fand sie. Rennen.

Ich weiß nicht, wie sie es geschafft hat, diese Schwachstelle meiner zerbrechlichen Seele aufzustöbern, aber da sie so eine Art Trüffelschwein war, auf der Suche nach Möglichkeiten, mich zu ärgern, war es nur eine Frage der Zeit, bis sie fündig wurde.

Wann auch immer sich ihr die Gelegenheit bot, sie nahm sie dankend an. Ich stelle mir das ein bisschen so vor, wie wenn Gott von oben ruft: »Hey, Sarina, hast du Bock, deine Schwester mal kurz zu Tode zu erschrecken?«, meine Schwester gleichgültig mit den Schultern zuckt und sagt: »Warum nicht« und Gott dann antwortet: »Cool, sie kommt gleich aus ihrem Zimmer. Viel Spaß!«

Dann brauchte meine Schwester nur noch zu warten, bis ich mich auf der Hälfte des Flurs Richtung Küche befand, um dann loszusprinten wie ein Rennpferd, vor dem man die Schranke zum Wettkampf geöffnet hatte. Dieses Hinter-mir-Rennen löst in mir etwas aus, das ich mit Worten nicht beschreiben kann. Ich bekomme sofort Herzrasen – okay, ich habe mitbekommen, die jungen Leute heutzutage sagen dazu *instant*, ich bekomme also instant Herzrasen, mich schaudert es am ganzen Körper und ich will einfach nur weg. Das ist schwierig, in einer kleinen Dreizimmerwohnung. Deswegen stand ich dann da, in Schutzhaltung vornübergebeugt, habe die Augen zugekniffen und mir die Ohren zugehalten – was das bewirken sollte, weiß ich bis heute nicht, es ist ja nicht so, dass meine Schwester mir in den Gehörgang rennen wollte. Und dann habe ich geschrien wie am Spieß. Bis meine Mutter kam. Also, unsere.

»Ariana!«, hat sie dann ganz vorwurfsvoll und streng gesagt.

Hallo, ich hätte gerade sterben können! Etwas mehr Einfühlungsvermögen bitte!

»Sarina hört nicht auf«, wimmerte ich und ließ mit zitternder Unterlippe die Arme langsam sinken.

»Sarina!«, sagte meine Mutter und drehte den Kopf von mir zu meiner Schwester.

»Was denn?«, sagte meine Schwester und hob unschuldig die Hände. »Ich hab doch gar nichts gemacht!«

»Du bist mir hinterhergerannt!«

»Häääääää?«, sagte sie dann lang gezogen und verschaffte sich damit einen Augenblick Zeit, ihre Verteidigungsstrategie zu überdenken. »Ich bin nur in die Küche gegangen und hab dich nicht mal berührt, *okay*?!«

Meine Mutter rollte dann mit den Augen und bat uns, dass wir uns nicht gegenseitig die Köpfe einschlugen.

Wenn ich heute darauf zurückblicke, klingt das für mich, als wären wir zwei kleine Geisteskranke gewesen. Und wundere mich, dass unsere Mutter uns nicht zur Adoption freigegeben hat. Wobei, wer hätte uns haben wollen? Zwei dauerstreitende Mädchen, die sich schikanierten, indem sie sich hinterherrannten? Wow.

Einige Dinge ändern sich mit der Zeit: meine Schwester und ich bewerfen uns heute nicht mehr mit Stühlen, drehen uns nicht mehr die Haut am Unterarm in entgegengesetzte Richtungen und schreien dabei: »Brennnessel!«, und ich kann mich auch nicht erinnern, wann ich sie das letzte Mal gebissen habe. Okay, außer letztes Jahr zu Weihnachten. Aber das Geschenk war auch echt scheiße!

Nur eine Sache ist geblieben: Wenn hinter mir jemand rennt, setzt bei mir alles aus und mich überkommt Todesangst. Es reicht schon, wenn im Supermarkt kleine Kinder mit dem Einkaufswagen spielen und plötzlich mit dem Scheißteil losrennen und mit einem ohrenbetäubenden Rattern in meine Richtung über die Fliesen donnern. Neulich erst wieder genau so passiert. Dann schreie ich zwar nicht, aber ich würde gerne, und alles was mich davon abhält, ist die Tatsache, dass das Supermarktpersonal danach wahrscheinlich ein paar nette Männer kommen lassen würde, die mich kuschelig und warm in eine sehr enge Weste mit lustig hinter dem Rücken verschränkten Armen zwängen würden.

Alles, was mir in solchen Situationen also bleibt, ist, kurz stehen zu bleiben, die Augen zuzukneifen, ruhig zu atmen und mir selbst zu sagen, dass es gleich wieder vorbei ist.

Aber ein bisschen Gerechtigkeit gibt es im Leben dann doch. Meine Schwester ist nämlich mittlerweile Erzieherin. Und als ich ihr davon erzählt habe, dass diese Panik vor hinter mir rennenden Menschen mich bis heute verfolgt, und zwar wortwörtlich, hat sie mir gebeichtet: Ihr geht es mittlerweile auch so. Wenn die Kinder in ihrer Kita Fangen spielen und meiner Schwester hinterherrennen, überkommt auch sie als Erzieherin Todesangst. Der einzige Unterscheid: Ich schreie dabei nicht. Meine Schwester schon.

LAURAS PERSÖNLICHER FAKT

Als Ariana und ich vor einigen Jahren unsere ersten Podcastfolgen rausgebracht haben, bekamen wir einige Nachrichten von Hörern, die Probleme hatten, unsere

Stimmen auseinanderzuhalten. Dafür hatten wir natürlich vollstes Verständnis. Frauenstimmen sind nun mal alle hoch und klingen irgendwie gleich. Ist ja klar, dass man da dann nicht mehr durchsieht. Ariana hatte also die tolle Idee, dass wir am Anfang einer jeden Podcastfolge einen persönlichen Fakt über uns erzählen könnten, um die Menschen an unsere Stimmen zu gewöhnen. Ob das geklappt hat, weiß ich nicht. Aber da wir uns supergerne selbst reden hören, haben wir den persönlichen Fakt bis heute beibehalten. Und weil dieses Buch irgendwie ein Podcast zum Lesen ist, gibt es auch hier den berühmten persönlichen Fakt:

Ich habe in den vergangenen Jahren schon sehr viel über mich preisgegeben. Zum Beispiel, dass ich keine Fesseln habe. Also, dass mir der Übergang von Fuß zu Wade fehlt. Oder dass ich mich, wenn ich allein zu Hause bin, selbst interviewe und so tue, als wäre ich ein berühmter Popstar, der eine Pressekonferenz zu seinem neuen Album gibt. Sehr viele Fakten drehen sich bei mir allerdings um das Thema Essen. Ich hasse gekochtes Gemüse und kann den letzten Rest Suppe nie aufessen, weil der immer schon kalt ist und ich das eklig finde.

Womit ich essenstechnisch allerdings wirklich *sehr* große Probleme habe, ist Schwarzbrot. Ich kann wirklich nicht verstehen, wie man sich freiwillig dazu entscheiden kann, so etwas zu essen. Ich weiß, dass Schwarzbrot gesund ist, mit seinen ganzen Ballaststoffen oder wie das alles heißt. Aber das ändert ja nichts daran, dass es eine Abart in meinem Mund auslöst. Schwarzbrot ist bitter und wird irgendwann sauer, wenn man zu lange darauf rumkaut, und das macht mich wütend.

Als Kind musste meine Mutter mir das Schwarzbrot in kleine Häppchen schneiden und mit einer Banane belegen, damit diese den Schwarzbrotgeschmack verdeckt und ich es essen konnte, ohne mich zu übergeben.

Nur um das noch mal kurz klarzustellen: Wenn ich hier von Schwarzbrot spreche, dann meine ich kein normales Vollkornbrot. Ich meine dieses ganz dunkle Pumpernickel. Die Sorte Brot, die immer auch ein bisschen nass ist und in der festen Zahnspange hängen bleibt, sodass man in der Schule nach der Mittagspause früher nicht mehr lachen konnte.

Das ist er, der persönliche Fakt über mich: Ich hasse nasses dunkles Schwarzbrot. Macht mit dieser Info, was ihr wollt und freut euch, wenn ihr Schwarzbrot und gekochtes Gemüse mögt. Ihr werdet im Gegensatz zu mir jede Diät und Ernährungsumstellung überleben. Happy Birthday und viel Spaß mit diesem Buch.

WARUM ICH DEN HYPE UM
KATZEN NICHT VERSTEHE
.LAURA.

Socken sind Scheißgeschenke, da erzähle ich nichts Neues. Ich hatte trotzdem mal eine Kollegin, die mir ganz stolz ihre Weihnachtssocken gezeigt hat und meinte, dass ihr dieses Geschenk von ihrem Freund voll viel bedeutet. Ich habe aus Höflichkeit gesagt, dass das ja voll die süße Idee sei, aber in Wahrheit überhaupt nicht verstanden, was sie meint. Ich hab aber auch nicht nachgefragt, weil ich es hasse, wenn Leute Dinge andeuten und nicht gleich sagen, was sie mir eigentlich sagen wollen. Die Menschen sollen aufhören, mir irgendwelche Brocken hinzuwerfen, nur damit ich dann interessiert nachhake und diese Person ihre Story loswerden kann.

Ich habe dann aber trotzdem aus Versehen mitbekommen, worum es bei diesen Socken meiner Kollegin geht, als sie ihre Geschichte bei einem anderen Mitarbeiter abladen konnte. Es handelte sich nämlich nicht um gewöhnliche Socken, sondern um personalisierte Socken, auf denen der Kopf ihrer Katze aufgedruckt wurde. Der echte Kopf der Perserkatze meiner Kollegin. Ihre blöde Katze ist jetzt nicht nur ihr Handy- und Desktophintergrund, sondern auch das Motiv auf ihren

24

Socken. Ich habe eine Frage dazu: Warum? Warum verehren Menschen Katzen so sehr? Warum posten sie langweilige Fotos von Katzen in Kartons oder Schubladen? Warum soll ich mir bei Instagram Videos von Katzen angucken, die auf einem Bücherregal sitzen und verächtlich in die Kamera blinzeln? Ich muss es leider ganz offen so sagen: Katzen sind arrogant und gemein und diese These kann ich durch meine eigenen Katzenerfahrungen bestätigen. Ich hatte nämlich selbst mal welche. Zuerst Lutzi 1 und später Lutzi 2. Zu beiden habe ich versucht, eine Beziehung aufzubauen. Ich habe versucht, sie zu lieben, aber wenn ich ehrlich bin, hatte ich nur Angst vor ihnen. Drei Jahre lang habe ich mich nicht getraut, die Treppe in unserem Haus runterzugehen. Denn unter der letzten Stufe saß die Katze und hat auf mich gewartet, bis sie mir hinterhältig ihre Krallen in die Hacken hauen konnte. Das hat sie einfach so gemacht. Mit purer Absicht. Und die andere Katze hat sich hinter den Geranien im Garten versteckt und so lange gelauert, bis jemand vorbeikam, dem sie mit ausgefahrenen Krallen ans Bein springen konnte. Warum? Was hatten diese Katzen für Scheißprobleme? Ich habe ihnen Futter gegeben, sie gekrault und sie in die Wohnung gelassen, wenn es draußen geregnet hat. Zum Dank dafür wurde ich grundlos angefallen. Nicht nur von meinen Katzen. Auch von der Katze meines

Meine auch! Bis heute habe ich eine Narbe an der Ferse.

ARIANA

Ex-Freundes und von der Katze meiner Tante. Alle Katzen, die ich kenne, haben mich gemobbt. In meinen Beziehungen zu Katzen habe ich immer nur gegeben, aber nie was zurückbekommen. Katzen sind wie die bösen Mädchen in Highschool-Filmen. Schön, elegant, grazil, aber falsch und gemein. In der einen Sekunde schmiegen sie sich an dein Bein und in der nächsten Sekunde kratzen sie dir die Unterarme auf. Ich habe gemeine Mädchen aus meinem Leben verbannt und genau das tue ich auch mit Katzen. Ich gebe mich nur noch mit den Guten ab und darum bin ich für den Rest meines Lebens Team Hund. Denn Hunde sind sympathisch. Die geben Liebe zurück. Egal ob ich fünfzehn Minuten weg bin oder fünfzehn Monate – wenn ich zurück nach Hause zu meinem Hund Lotti komme, dann weint sie vor Freude. Wenn ich lache, dann wedelt sie mit dem Schwanz und wenn ich heule, will sie mich trösten und meine Tränen weglecken. Lotti bellt Menschen an, die zu laut mit mir sprechen, und wenn ich doof zu ihr bin, kommt sie nach fünf Minuten trotzdem zu mir und sucht meine Nähe. Hunde sind so, wie ich mir perfekte Menschen vorstelle. Loyal und nicht nachtragend. Wieso sollte ich mein Leben mit einer Katze verbringen, die ignorant an mir vorbeiläuft und mir dabei ihr Arschloch zeigt, wenn ich einen Hund haben kann, der auf mich hört, wenn ich ihn rufe? Katzen machen mich wütend und Menschen, die mit ihnen ihr Leben teilen, noch viel mehr. Katzenbesitzer erinnern mich an Freundinnen, die sich immer nur Arschlochmänner aussuchen. Typen, die immer für Herzschmerz sorgen, weil sie kommen und gehen, wann sie wollen. Katzen sind für mich wie egoistische und beziehungsunfähige Männer (oder auch Frauen), die sich nicht festlegen können und für Polygamie sind. Anders kann ich mir nicht erklären, warum sowohl mein Vater als auch meine Freundin eine so innige Beziehung zu ihrer Nachbarskatze haben. Meine Freundin kauft Futter und Streu für eine Katze, die ihr nicht gehört, die aber vor ihrer Terrasse steht und auf ihr Sofa will, wann immer diese Katze eben Bock drauf hat. Die geht ihren Besitzern fremd und springt mit meiner Freundin um, wie sie gerade lustig ist. Das finde ich nicht normal. Ich habe nichts gegen Lebewesen, die ihren eigenen Kopf haben und ihren Weg gehen, aber das Verhalten, was so manche Katze an den Tag legt, ist rücksichtslos.

Könnten Katzen sprechen, sie würden nicht sagen: »Hey, wie geht's dir? Wie war Weihnachten bei dir?« Sie würden sagen: »Oh, wow, mein Weihnachtsfest war so perfekt, weil mein Kater-Boyfriend einfach der Beste ist.« Und weiter würden sie nichts sagen, damit man selbst nachfragen muss: »Oh, warum ist er denn der Beste?« Und dann würde die Katze arrogant gucken und natürlich nicht sofort auf die Frage antworten, um sich interessant zu machen, obwohl sie diejenige war, die mit dem Thema angefangen hat. Sie würde an einem vorbeigehen und den Schwanz hochstellen, damit alle ihr Poloch sehen und dann würde sie antworten: »Weil er mir einfach das süßeste Geschenk der Welt gemacht hat, was mir voll viel bedeutet.« Und dann würde sie wieder nicht weiterreden, sondern ein Fellknäuel hochwürgen und dir vor die Füße kotzen. Und man würde denken: »Boah, hör auf, mir nur so Scheißbrocken hinzuwerfen, sondern erzähl mir entweder deine dusselige Story, die du unbedingt loswerden willst, oder lass es bleiben.« Und weil man nett ist, gibt man der blöden Katze aber die Aufmerksamkeit, die sie will und fragt, worum es sich bei dem süßen Geschenk von ihrem Katerfreund handelt. Und dann wird sie sich auf ein Regal setzen, um auf alle anderen herabzusehen, und sagen: »Ich habe Socken bekommen, auf denen das Gesicht von meinem verblödeten Besitzer drauf ist, den ich den ganzen Tag nur verarsche. Die Socken erinnern mich daran, dass ich mit ihm machen kann, was ich will, und er mich trotzdem krault und mir Fressen gibt.« So. Und dann würde die Katze vom Regal springen und mit den Socken ins Katzenklo gehen und mit den Pfoten im Katzenstreu scharren, bis die kleinen Steinchen und Köttel in der Wohnung verteilt sind. Das wäre das Statement zu euch Katzenbesitzern. Vielleicht benutzt ihr doch lieber das Foto eines Steins für euren Desktophintergrund.

ARIANAS SCHNAPSIDEE:
KAKAO MIT HIRSCHGEWEIH

Zugegeben: Der ist eher was für kalte Tage – geht aber auch, wenn ihr gerade gekündigt wurdet, euer Partner sich getrennt hat oder euer Konto zur Monatsmitte schon null anzeigt. Wenn ihr dann diese innerliche Kälte spürt, dieses Bedürfnis, in eine kuschelige Decke eingewickelt zu werden und den Kopf aufmunternd getätschelt zu bekommen, dann wird euch dieser Shot helfen! (Und wenn ihr es wirklich lieber kalt mögt: Das Rezept funktioniert auch mit ungekochter Milch und Eiswürfeln.)

Wenn ihr dazu noch Ofenkäse esst und Highschool-Filme guckt, ist euer Leben perfekt!

LAURA

Ihr kocht im Topf die Milch mit dem Kakaopulver auf, gebt dann 2 cl Jägermeister dazu – fertig! Der ist so lecker, vielleicht könnt ihr damit ja sogar eure Beziehung retten.

WARUM MEINE ZÄHNE SO WEISS SIND – DIE WIRKLICH WAHRE GESCHICHTE

.ARIANA.

Es gibt Fragen, die bekommt man von seinen Mitmenschen häufiger gestellt. Barkeeper werden oft gefragt, ob das ihr richtiger Job sei. Kinder werden oft gefragt, was sie denn mal werden wollen, wenn sie groß sind. Und ich werde oft gefragt, ob ich mir die Zähne gebleacht habe.

Da ich bei dieser Frage immer Michael Jackson im Musikvideo zu Thriller vor mir sehe, in dem seine weißen Vampirzähne so sehr in der finsteren Nacht strahlen, als hätte er sie tagelang in Chlorreiniger eingelegt und dann zum Dreh wieder eingesetzt, was nicht sonderlich natürlich aussieht, möchte ich diese Frage ein für alle Mal wahrheitsgemäß beantworten.

Es war ein warmer Sommertag in Berlin.

Gut gelaunt lief ich die Straße entlang und pfiff ein Lied. Es war »A Natural Woman« von Aretha Franklin, da es mir selbst sehr wichtig ist, die natürliche und unberührte Schönheit einer Frau wertzuschätzen.

Als ich an einer Drogerie vorbeilief, bot mir eine Promoterin an, einen Lippenstift auszuprobieren, den sie neu im Sortiment hatten, und ein kostenloses Exemplar mit nach Hause zu nehmen.

Ich lächelte ihr zu, lehnte aber dankend ab, da es mir sehr wichtig ist, meiner Natürlichkeit nicht künstlich nachzuhelfen oder sie zu überdecken. Natürlichkeit ist mir sehr, sehr wichtig.

An der nächsten Ecke traf ich eine ehemalige Arbeitskollegin. Wir unterhielten uns kurz und sie fragte mich, ob ich krank sei. Das war ich nicht, ich war einfach nur ungeschminkt, aber nahm gerne in Kauf, dass meine Mitmenschen meinen Gesundheitszustand anzweifelten. Dafür lief ich vollkommen natürlich durch die Welt.

Nachdem wir uns verabschiedet hatten, kam ich an einem strahlend weißen Haus vorbei. Neben der Eingangstür hing ein messingfarbenes Schild: »Zahnarztpraxis – Prophylaxe, Zahnreinigung, Bleaching«. Bleaching!

Erschrocken darüber, dass es offenbar Menschen gab, die mit Chemikalien Teile ihres Körpers so grundlegend veränderten, fasste ich mir mit der Hand ans Herz und trat einen Schritt zurück. Ich stolperte, verlor das Gleichgewicht und fiel zu Boden. Beziehungsweise auf einen großen Ast, der dort am Boden lag. Zunächst war ich erleichtert, weil ich dachte, er würde mich so vor dem harten Aufprall auf dem Asphalt bewahren. Dann jedoch wurde der Ast zu einer Art Katapult und schleuderte mich plötzlich in die Höhe. Wie in Zeitlupe flog ich

Richtung Himmel. In einem Fünfundvierzig-Grad-Winkel schoss ich geradewegs auf die Zahnarztpraxis zu und ruderte hektisch mit den Armen. Glücklicherweise war es so warm und sommerlich draußen, dass die Fenster der Praxis weit geöffnet waren und ich geradewegs hindurchsegeln konnte. Ich hatte Glück im Unglück.

»Vorsicht!«, schrie ich, als ich den Zahnarzt in weißem Kittel und Mundschutz am Behandlungsstuhl stehen sah, mit einem spitzen Werkzeug in meine Richtung guckend. Er riss schützend die Arme vor den Kopf, was jedoch nicht notwendig war, da ich mit einem dumpfen Geräusch auf dem Behandlungsstuhl landete. Von der ruckartigen Bewegung geriet die Dose, die der Zahnarzt in der anderen Hand hielt, aus dem Gleichgewicht und der Inhalt schwappte über den Rand, wie das Wasser eines Swimmingpools, in den gerade ein Elefant gesprungen war.

Vor lauter Angst, die künstliche Lösung würde mir schaden, riss ich den Mund weit auf und setzte an zu einem Schrei. Genau in dem Moment traf die cremige Flüssigkeit auf meine Zähne. Für den Fall, dass sie meinen Mund verätzen würde, zog ich die Lippen weit auseinander wie ein zähnefletschender Straßenhund in Italien, der sein Revier gegen eine sich ihm nähernde Katze verteidigen wollte.

Weil Katzen aber auch generell einfach Arschlöcher sind!

LAURA

Alles geschah sehr, sehr langsam, wie in Zeitlupe.

32

Geistesgegenwärtig reagierte der Zahnarzt, schmiss das Werkzeug zur Seite und griff nach einem Wattebausch. Mit dem versuchte er, so schnell es ihm möglich war, die Lösung von meinen Zähnen zu entfernen, doch es war zu spät. Es stellte sich heraus, dass er in der Dose Bleachingpaste angerührt hatte und mein Gebiss nun um mehrere Nuancen heller war. Tief erschüttert blickte ich in den Spiegel, den er mir gereicht hatte. Tatsächlich, ich konnte es klar und deutlich sehen. Da, wo vorher 31 eierschalenfarbene Zähne in ihrer unberührten Natürlichkeit geprangt hatten, strahlten nun perlweiße Exemplare wie aus einem Werbespot für Zahnpasta. Ich war am Boden zerstört und ging mit vor Traurigkeit gesenktem Kopf nach Hause. Dahin war meine Natürlichkeit.

Seitdem laufe ich damit durchs Leben und sicherlich könnt ihr euch denken, wie hart dieses Schicksal ist. Deswegen möchte ich euch bitten, solltet ihr mich je treffen: Bitte fragt mich niemals, ob ich mir die Zähne habe bleachen lassen. Es ist so schon schwer genug für mich.

LAURAS RANDOM FACT:
WARUM DAS MENSCHLICHE HERZ BLUT SQUIRTET

Es klingt wie der romantischste Teil unseres Körpers, könnte aber die Hauptrolle in einem Splattermovie spielen. Es geht um unser kleines, feines Herz. Das Ding schlägt nämlich nicht nur bis zu achtzigmal pro Minute, sondern erzeugt auch noch so viel Druck, dass es in der Lage wäre, Blut direkt aus dem Körper zehn Meter weit zu spritzen. Könnte also eine ganz schöne Sauerei geben und wie wir alle wissen, geht Blut schwer raus. Auf meinem Schneeanzug aus der vierten Klasse sind immer noch dunkelbraune Spritzer. Der Beweis dafür, dass meine Mutter mir mit Schlittschuhen über die Hände gefahren ist. Klingt schlimmer, als es war, und ich bin mit drei Pflastern an der Hand davongekommen; aber Newsflash: Nicht nur das Blut aus dem Herzen kann weit spritzen ...

WARUM ICH NACHTS KEINE MENSCHEN ERTRAGE

.LAURA.

Wenn Ariana und ich einen Auftritt in einer anderen Stadt haben, dann gibt es einen Moment für mich, der fast stressiger ist als die Aufregung, kurz bevor unsere eigentliche Show beginnt. Das ist der Moment, in dem wir in ein Hotel einchecken und noch nicht wissen, ob wir ein Einzel- oder ein Doppelzimmer bekommen werden. Ich kann Ariana das eigentlich nicht sagen, hoffe also schwer, dass sie das hier niemals liest, aber wenn wir da an der Rezeption stehen, mit unseren Koffern neben uns und dem Personalausweis in der Hand, habe ich immer Schweißausbrüche und auch ein paar rote Flecken im Dekolleté, weil ich so sehr hoffe, allein schlafen zu können.

Zu spät, Laura!

ARIANA

Sach ma!
Ich glaub, es hackt!

ARIANA

Das klingt jetzt wie das Ende einer schlechten Beziehung, aber das hat nichts mit Ariana zu tun, sondern nur mit mir. Ich bin das Problem, denn ich hasse es, mit anderen Menschen das Bett zu teilen.

Besonders schlimm ist es, wenn ich das erste Mal mit einer anderen Person die Nacht verbringen muss. Und ich meine damit nichts Sexuelles, sondern Übernachtungen mit Freundinnen. Es gibt nämlich tatsächlich Leute, die sich knallhart direkt nackt ausziehen und parallel einen kleinen Talk mit dir halten, so als wäre nichts. Das überfordert mich bis aufs Äußerste. Ich weiß, wir sind alle gleich und man kann sich gegenseitig nichts abgucken, aber entschuldigt, dass ich verwirrt und irgendwie auch unangenehm berührt bin, wenn ich zum ersten Mal die Brust einer neuen Bekannten sehe. Ich kann es nicht steuern, aber da kommen dann nun mal Gedanken wie: »Ach, guck mal. Ich hätte jetzt gedacht, die hat kleinere Brüste.« Oder: »Oha, die ist jetzt wirklich komplett glatt rasiert da unten?«

Und dann will ich cool und gelassen tun und der Person ins Gesicht gucken und mich einfach weiter unterhalten, aber mein Blick wandert immer wieder nach unten und das allein ist schon eine Situation, auf die ich locker verzichten könnte. Und es geht ja weiter. Denn eigentlich bin ich ja jetzt auch gezwungen, mich vor der anderen Person umzuziehen. Das will ich aber auf keinen Fall. Ich erschrecke mich beim Umziehen ja schon vor mir selbst, wenn ich mich aus Versehen im Spiegel sehe. Weil ich aber nicht als prüdeste Person auf der ganzen Welt gelten möchte, tue ich so, als würde ich was in meinem Koffer suchen, falte aber in Wahrheit Unterwäsche und Schlafsachen so klein zusammen, dass ich sie in die Waschtasche stecken und unbemerkt ins Bad schmuggeln kann. Und während ich dort eigentlich nur meine Zähne putze, ziehe ich mich auch noch direkt um und niemand musste mein nacktes Antlitz ertragen. Das alles stresst aber maximal und ich wäre so viel entspannter, wenn ich einfach nur alleine schlafen könnte. Denn die »Umzieh-Situation« ist ja erst der Anfang der Schrecklichkeit. Richtig ätzend wird es für mich im Bett, wenn ich nicht abschätzen kann, wann offiziell geschlafen wird. Es gibt diesen Moment zwischen »Wir unterhalten uns noch« und »Jetzt würde ich aber gerne schlafen«. Und es macht mich fertig, wenn ich nicht weiß, ob ich die andere Person zutexte oder nicht. Was, wenn sie sich nur nicht traut zu sagen, dass ich bitte den Mund halten soll? So geht es mir dann nämlich ganz oft. Mir fallen fast die Augen zu, und der Mensch neben mir erzählt ausschweifende Storys aus seinem Leben und ich werde wütend unter der Decke und überlege, mich einfach schlafend zu stellen und nicht mehr zu antworten. Aber dann habe ich Angst, dass die Person das durchschaut und eine Whatsapp an ihre Freundin schickt: »Wow, voll die verklemmte Psychofrau hier neben mir. Tut so, als würde sie schlafen, und zieht sich heimlich im Bad um *vor Lachen weinender Emoji*.« Aber was wäre die Alternative? Soll ich sagen: »Oh, das sind wirklich ganz interessante Geschichten, die du mir erzählst, aber ich möchte mich jetzt gerne offiziell vom Gespräch abmelden und schlafen. Außerdem habe ich

> Hast du schon gemacht, ich hab's genau gemerkt!
> ARIANA

mich vorhin heimlich im Bad umgezogen, weil ich dich noch nicht so gut kenne, dass ich mich nackt zeigen will vor dir und nicht bereit dazu bin, dass du siehst, dass meine Brüste unterschiedlich groß sind. Übrigens würde ich es schön finden, wenn du dich morgen auch im Bad umziehen könntest. Ich komme mit deiner Nacktheit nämlich nicht klar. Nachti.« Und dann dreht man sich um und horcht in die unangenehme Stille und merkt, dass man irgendwann nicht mehr auf der Seite liegen kann, aber würde man sich umdrehen, würde man Gesicht an Gesicht mit der anderen Person schlafen und das überschreitet nun wirklich jegliche Grenzen. Diesen Struggle habe ich alleine nicht. Allein im Bett, da esse ich Chips und gehe, ohne Zähne zu putzen, schlafen und decke mich mit zwei Decken gleichzeitig zu und mache das Fenster ganz weit auf, weil ich die Mischung aus kaltem Kopf und warmem Körper so gerne mag. Und dann mache ich auf meinem Handy Gewittersounds an und stelle mir vor, wie ich der Star eines Highschool-Films bin und bei starkem Unwetter nach dem Footballspiel mit dem Auto auf dem Highway liegen bleibe und mich der Bad Boy James einsammelt und wir uns im Regen auf seiner Motorhaube wild küssen ... Und dann schlafe ich fein, ohne andere Menschen in meiner Gegenwart, die im Schlaf pusten, schnarchen oder reden.

Das Aufwachen mit anderen Personen finde ich übrigens auch sehr qualvoll. Ich bin generell diejenige, die als Erstes aufwacht, und dann stelle ich mir jedes Mal eine Frage: Was machst du jetzt? Soll ich ein Buch lesen oder wecke ich die Person neben mir beim Umblättern auf? Oder gehe ich einfach schon ins Bad und mache mich fertig? Das habe ich neulich gemacht, als ich mir mit Ariana ein Zimmer teilen musste. Zu meiner morgendlichen Routine gehört aber auch ein morgendliches Geschäft und weil ich nicht will, dass andere Menschen was von meiner Sitzung mitkriegen, mache ich entweder den Wasserhahn oder ein bisschen Handymusik an. Also habe ich mich für eine leise musikalische Untermalung entschieden, die aber gar nicht so leise war, wie ich dachte, denn plötzlich sehe ich Arianas Gestalt hinter dem Milchglas der Badezimmertür, die mich bittet, die Musik leiser zu stellen, damit sie noch etwas schlafen könne. Wisst ihr, wie ich mich gefühlt habe? Schlecht! Wieder mal habe ich gemerkt, dass ich die Sleepover-Regeln nicht beherrsche. Was ist erlaubt und was nicht? Wenn ich woanders übernachte, darf ich dann schon aufstehen, wenn der Gastgeber noch schläft? Darf ich den Fernseher anmachen? Darf ich mir Frühstück machen? Darf ich duschen und fremde Seife und Handtücher benutzen? Darf ich danach meine Haare föhnen? Und wenn die andere Person dann immer noch nicht wach ist, weil sie grundsätzlich bis mittags schläft, darf ich nach Hause gehen und mich in

> Ich habe JEDES einzelne Wort von Niki Minaj verstehen können.
>
> ARIANA

mein Bett legen und verdammt noch mal das machen, worauf ich Lust habe?

Woanders übernachten, das fand ich als Kind schon scheiße, aber alle anderen Freundinnen haben es geliebt und im Unterricht Briefe auf Diddl-Papier geschrieben und gefragt, ob wir am Wochenende zusammen spielen und danach beieinander schlafen wollen. Nie habe ich Nein gesagt und da lag ich dann nachts. Auf einer Luftmatratze, in der keine Luft mehr war. Unter der dünnen Gästedecke, die so komisch fremd gerochen hat, und die Meerschweinchen meiner Freundin haben gequiekt und dann habe ich gemerkt, dass ich aufs Klo musste, aber ich wollte nicht gehen, denn es war dunkel und woher sollte ich wissen, wo im Flur der Lichtschalter war. Ich war stundenlang wach. Mit voller Blase und kaltem Körper auf hartem Boden. Es waren Nächte des Horrors und ich will nie wieder dahin zurück. Sei es noch so spät und kalt draußen: Lieber fahre ich zwei Stunden mit dem Nachtbus nach Hause, als das Übernachtungsangebot meiner Freunde anzunehmen. Denn schlimmer als geplante Sleepover-Partys sind nur spontane Couchangebote. Was ist bitte ätzender, als mit angetrockneten Kontaktlinsen im Auge in einer WG aufzuwachen? Mit ekligem Atem und ohne Zahnbürste. Mit verschmierter Schminke sonntagmorgens durch Berlin zu fahren und missbilligend von glücklichen Familien angeguckt zu werden, weil du aussiehst wie die einsamste Person der Welt, die gerade von einem schlechten One-Night-Stand nach Hause torkelt. Ich möchte aufstehen und sagen: Hört mir mal zu! Ich bin absolut nicht einsam. Ich bin in einer sehr glücklichen, ausgeglichenen und nahezu perfekten Beziehung. Und ich fahre jetzt zu meinem Freund, denn der hat Frühstück gemacht und eine Zahnbürste für mich parat. Wir lieben uns übrigens über alles und soll ich euch sagen, warum? Weil wir seit vier Jahren voneinander getrennt schlafen!

LAURAS SCHNAPSIDEE: HEISSE LIEBE

Liebe Studenten und Studentinnen, wenn euer BAföG mal wieder fürs Feiern im Berghain draufgegangen ist und ihr euch die letzten 28 Tage des Monats nur noch von Toast, Spaghetti mit Ketchup und Leitungswasser ernährt, dann kann ich euch nur eins sagen: Ich fühle euch! Und damit ihr es den Rest des Monats partytechnisch trotzdem noch ordentlich knallen lassen könnt, kommt hier mein ultimativer »Ich betrinke mich, auch wenn ich pleite bin«-Shot. Dafür braucht ihr nämlich nur Wodka und abgekühlten Früchtetee. Den vermischt ihr miteinander – je nachdem, wie doll es ballern soll – und damit das Ganze auch möglichst schnell ins Blut gelangt, rührt ihr noch ein bisschen Vanillezucker unter

und dann könnt ihr gut gelaunt zum nächsten Rave auf-
brechen, ihr Partytiere!

WARUM EIN TINDERDATE
MIR BIS HEUTE SCHLAFLOSE NÄCHTE
BEREITET

.ARIANA.

Ich möchte die folgende Geschichte so beginnen: Wie
viele Menschen kennt ihr, die offen damit umgehen,
dass sie ihre Popel essen? Oder beim Baden ins Wasser
pinkeln? Oder ihre Unterhosen länger als einen Tag tragen? Eben. Und ähnlich verhält es sich bei mir mit On-
linedating. Man macht es, spricht aber nicht so gerne
darüber.

Warum niemand von seinen Frühstückspopeln, seinem Pipi-Bad oder seinen Langzeitunterhosen erzählt,
liegt auf der Hand. Aber was ist eigentlich das konkrete
Problem mit Datingseiten? Wahrscheinlich, weil es irgendwie den Anschein erweckt, man möchte dringend
etwas an seiner Situation, also der Singlesituation,
ändern, so dringend, dass man sich dafür sogar stundenlang durch Dating-Apps wischt, als würde man im
Sommerkatalog einer Bekleidungsmarke blättern, auf
der Suche nach einem ansehnlichen Paar Flip-Flops.

Das hat nichts mehr von unnahbar und abenteuerlustig durch die nächtlichen Bars ziehen und sich verstohlene Blicke zuwerfen. Das ist mehr wie sonntags auf der Couch liegen und sich eine von zehn Pizzen von der Internetseite aussuchen. Problem an der Sache: Die Pizza sieht in echt niemals so gut aus wie auf den Fotos. Aber das ist nur eine der Schattenseiten.

Ich kam für einige Zeit ganz gut damit durch zu behaupten, ich sei aus »Recherchegründen« bei Tinder. Das sagte ich immer superlässig und cool, also so wie ich mir vorstellte, dass es superlässig und cool wirken würde, mit einem Blick wie James Dean, nur als Frau eben. Bis ich mal gefragt wurde, wofür ich denn recherchiere. Da brach mein Lügenkonstrukt so jäh in sich zusammen wie Walter Whites Meth-Geheimnis in Breaking Bad. Da ich von da an mit der bitteren Wahrheit herausrücke, kann ich eine meiner denkwürdigsten Tinder-Ereignisse auch hier erzählen. Jetzt ist eh egal.

Ich war also zu »Recherchezwecken« bei Tinder angemeldet und hatte dort eine Zeit lang mit einem ganz witzigen Typen Kontakt. Was man halt so macht: Man schickt sich über Wochen, manchmal Monate hinweg, lustige GIFs, pointierte Memes und versucht, all seine Macken gekonnt zu überspielen.

Dann ist das Absurdeste, Merkwürdigste und Verrückteste passiert, das hätte eintreten können: Er hat gefragt, ob wir uns treffen. Treffen, im echten Leben! Irre.

Dafür hat er eine Party in einem Club vorgeschlagen, auf die er mit einem Freund gehen wollte. Wieso nicht, dachte ich, macht das Ganze bestimmt weniger gezwungen, als sich alleine zu treffen und zwei Stunden in einer langweiligen Bar abzuhängen, obwohl man schon nach zwei Minuten gemerkt hat, dass man nichts miteinander anfangen kann.

Ich war mit Freunden unterwegs und verabschiedete mich irgendwann, um zu dem Club zu fahren. Dazu sei gesagt, dass es Winter war, und mein Handy litt an einem technischen Defekt: Wenn es sehr kalt draußen war, sank die Akkuladung mit dreifacher Geschwindigkeit. So schnell ungefähr, wie die Karriere von David Hasselhoff, nachdem das Video öffentlich wurde, in dem er betrunken am Boden liegend einen Burger in sich reinstopft.

So kam es, dass ich weniger als zehn Prozent Akku hatte, als ich an der Bahnhaltestelle ausstieg. Zehn Prozent. Es reichte vielleicht für noch einmal den Bildschirm entsperren. Dann würde mein Handy den Dienst verweigern. Während ich noch darüber nachdachte, wie ich den Typen gleich im dunklen Club finden sollte mit einem fast nicht mehr funktionsfähigen Handy und fehlender Erinnerung daran, wie er eigentlich genau aussah, hatte ich ein ganz anderes Problem: Ich konnte den Club an sich schon nicht finden. Das hatte ich nun von meinem coolen Berlin mit seinen coolen Clubs in irgendwelchen alten Fabrikhallen, die nach außen unscheinbare Teppichlager waren und sich erst als Technohölle offenbarten, wenn man genau wusste, wo der Eingang war.

Da ich auf keinen Fall wertvolle Akkuladung riskieren konnte, rief ich ihn nicht an, was die Sache sicherlich erheblich erleichtert hätte, sondern versuchte stattdessen, den Club auf eigene Faust zu finden. Ebenso gut hätte ich mir ein Augenbrauenhaar ausreißen, mich dreimal im Kreis drehen, es in die Luft werfen und dann rufen können: »Wer es findet, bekommt von mir eine Million Euro.« Es war absolut unmöglich, dort in der Dunkelheit entlang einer gefühlt kilometerlangen Backsteinmauer einen Eingang zu einem Club zu finden. Jetzt wusste ich, wie der arme Harry Potter sich gefühlt haben musste, als er am Bahnhof Kings Cross Gleis neundreiviertel gesucht hatte.

Ich war sehr erleichtert, als mich ein Mädchen im Glitzerrock und mit schwarzem Ledertop ansprach, ob ich etwa auch »die Party« suchen würde, sodass wir gemeinsam loszogen. Mich wunderte, dass sie etwas von »Fetisch« gesagt hatte, aber da sie Englisch mit sehr französischem Akzent sprach, war ich recht sicher, ich hatte mich verhört. In Wirklichkeit hatte sie sicherlich irgendwas von Baguettes und Fröschen gesagt. So sind sie, die Franzosen!

Ich freute mich wie ein Wanderer, der seine letzte Pilgerherberge auf dem Jakobsweg erreichte, als wir endlich die Clubtür fanden, ein großes Tor. Sobald das

Tor sich geöffnet hatte, verlor ich die französische Latexfrau – was ich dafür im Austausch bekam, ließ mich erst mal erstarren. Im Eingangsbereich dieses Clubs, einer riesigen Industriehalle, sah es aus wie auf einer Sexparty. Nein – es WAR eine Sexparty! Überwiegend lesbische und schwule Frauen und Männer in Stoffen unterschiedlichster Couleur tummelten sich hier. Leder, Latex, und hier und da ein nackter Penis.

Ich wusste gar nicht, was mich gerade mehr verstörte, der Anblick dieser halb nackten Menschenmenge oder die Tatsache, dass mein Handy sich in genau dem Moment, als ich mein Date dann doch anrufen wollte, bis zur nächsten Akkuladung verabschiedete. Es war aus. Tot. Nicht wiederbelebbar.

Ich verbrachte ungefähr eine Viertelstunde damit, möglichst unauffällig zu wirken, nicht zu sehr zu starren, aber trotzdem Ausschau nach dem Tinder-Typen zu halten. Keine Chance. Ich versuchte, mein Handy anzumachen. Keine Chance.

Da ich es absolut nicht einsah, mitten in der Nacht durch halb Berlin gefahren zu sein und mit einer ledernen Französin eine Ewigkeit den Club gesucht zu haben, nur um unverrichteter Dinge nach Hause zu gehen, hielt ich einen Krisenrat mit mir selbst ab. Was würde Beyoncé jetzt tun?

Versuch 1: Ich fragte an der Garderobe jeden einzelnen Mitarbeiter, ob er oder sie ein passendes Ladekabel für mich hätte. Es waren wirklich viele Mitarbeiter, denn der Club und die Party waren riesig, aber entweder hatte niemand eins oder sie logen mich an und wollten mir keins geben. Was auf das Gleiche hinauslief: Ich stand ohne Ladekabel da.

Versuch 2: Ich fragte einige der Gäste. Nach fünf Personen, die mir natürlich nicht helfen konnten, gab ich auf, aber die Frage war sowieso dumm von mir. Wo sollten sie das Ladekabel haben, in ihrer Poritze? Es war wirklich so gut wie niemand bekleidet. Außer mir. Ich habe mich selten komplett bekleidet so fehl am Platz gefühlt.

Da mir langsam die Ideen ausgingen – nach gerade mal zwei Ideen, wow to myself –, versuchte ich aus lauter Verzweiflung noch mal, mein Handy wieder anzuschalten. Ich weiß nicht, ob es der heilige Geist von Steve Jobs war, der noch mal kurz über die Erde huschte, aber das verdammte Ding ging tatsächlich an! 1 % Akku. Mir bleib nicht viel Zeit.

Wieder klapperte ich alle Garderobenmitarbeiter der Reihe nach ab, dieses Mal rannte ich aber, und fragte panisch nach einem Stift.

»Nein.«

»Nein.«

»Leider nein.«

Sollte das ein Scherz sein? Ja, okay, Technik ist wirklich faszinierend und bietet ja so viele Möglichkeiten – aber es musste doch irgendwer einen völlig normalen Kugelschreiber haben!

Es hatte niemand einen völlig normalen Kugelschreiber. Wirklich keiner.

Alles, was mir übrig blieb, war, die Handynummer vom Tinder-Typen auswendig zu lernen. Unter Zeitdruck. Ich kam mir vor wie bei einer schlechten Gameshow im Fernsehen, bei der ich mit begrenzter Zeit eine Aufgabe lösen musste, andernfalls würde sich unter mir eine Falltür öffnen und ich in ein Gehege voll mit Krokodilen fallen.

Ich murmelte die Zahlen immer wieder manisch vor mich hin, versuchte, mir Eselsbrücken zu bauen – dann wurde das Handydisplay wieder schwarz. Time over. Jetzt würde sich entscheiden, ob die Krokodile noch einen Late Night Snack bekamen oder nicht.

Zeit für Idee 3.

Im Kopf immer wieder die Handynummer durchgehend fragte ich den Typen, der am nettesten aussah, am meisten anhatte und in meiner Nähe stand, ob ich kurz von seinem Handy aus jemanden anrufen dürfte, ganz kurz, wirklich nur ganz ganz kurz, ist auch kein Ferngespräch. War es aber irgendwie doch. Der nette Typ kam nämlich aus China und hatte eine chinesische SIM-Karte in seinem Telefon. Der Anruf hätte ihn wahrscheinlich mehr gekostet als mein komplettes Handy beim Neukauf.

Next.

Diesmal fragte ich eine Frau in meinem Alter. Sie war nackt, sah aber nett aus. Das *Aber* möchte ich streichen.

Sie war nackt *und* sah nett aus. Dafür kommt das *Aber* jetzt: Sie war nur zu Besuch in Deutschland und hatte ein Handy mit Prepaidkarte, die nicht aufgeladen war, sodass sie nur Anrufe annehmen, aber keine tätigen konnte.

Das durfte doch alles nicht wahr sein. Als ich dem Aufgeben schon nahe war und die imaginären Krokodile unter der Falltür die Köpfe langsam nach oben richteten, tippte mich plötzlich ein Typ von hinten an – und ja, ich bin mir bewusst, wie gefährlich das »von hinten« im Zusammenhang mit dieser Party ist. Er hatte mitbekommen, dass ich dringend jemanden anrufen musste, reichte mir ganz hilfsbereit sein Handy, ich gab die Nummer ein, die sich mittlerweile bis in das letzte Gewinde meines Hirns gebrannt hatte, es tutete – und der Tinder-Typ ging dran. Hallelujah! Die Krokodile schlossen enttäuscht ihre Mäuler.

Wir verabredeten uns »bei den Sofas«, ich würde es finden, sagte er. Der wusste wohl nicht, dass ich in meinem Leben grundsätzlich so gar nichts finde, zumindest nicht ohne Google Maps. Und ich konnte die Sofas nicht mit Google Maps finden, denn mein Handy war aus.

Noch während ich überlegte, ob ich ihn überhaupt erkennen würde, schließlich sieht man auf Fotos ja immer noch mal anders aus als im echten Leben, sollte sich mir die Tragweite dieser Überlegung komplett eröffnen: Er ging zielstrebig auf mich zu und begrüßte mich und nein, ich hätte ihn definitiv nicht erkannt. Denn er hatte nichts an. Zumindest obenrum nicht. Und sein Kumpel auch nicht. Und beide wunderten sich lachend darüber, dass ich überhaupt angezogen auf die Party gelassen wurde.

Dieser Abend erreichte in seiner Skurrilität so langsam ein Level, das ich nicht mehr verarbeiten konnte. Wäre ich mein Laptop gewesen, hätte ich mich an dieser Stelle einfach wegen Überlastung ausgeschaltet, denn das ist genau das, was passiert, wenn zu viele Fenster geöffnet sind und das olle Ding nicht mehr mitkommt: Es macht kurz »plock« und ist aus.

Ich war aber leider noch an und so folgte ich wie paralysiert dem Tinder-Typen und seinem Kumpel durch die Gänge dieser riesigen alten Fabrikhalle, durch die wir uns regelrecht schieben mussten, so voll war es, und es war dunkel und laut und überall lief Techno und alle waren nackt und irgendwelche schwitzigen, nackten Arme berührten mich und, huch, war das gerade überhaupt ein Arm oder ein ... Es war furchtbar.

Irgendwann waren wir in einem sehr großen Raum angekommen, in dessen Mitte eine Bar stand. Auch hier war es unglaublich voll und heiß, einige saßen auf gepolsterten Sitzecken, die meisten tanzten. Während wir drei am Rand standen und ich von meiner Odyssee berichtete, in diesen Club überhaupt reinzukommen, gewöhnten sich meine Augen langsam an die Dunkelheit. Mein Blick war auf die Bar gerichtet. Und damit auf den Typen, der darauf lag. Nackt. Das Einzige, das er anhatte, waren Socken. Weiße Tennissocken. Über ihm hockte eine Frau. Und dann tat sie etwas, das mich nicht nur vollkommen die Fassung verlieren ließ, weil ich die größte Phobie der Welt davor habe; es war einfach in seiner Gänze so absurd und widerlich, dass ich mir sicher war, jeder Mensch auf der Welt hätte an dieser Stelle kapituliert – jeder Mensch außer Ozzy Osbourne vielleicht. Sie kotzte ihm auf den Bauch. Auf den nackten Bauch. Okay.

Das war definitiv nicht das Einzige, was in diesem Moment gebrochen wurde, denn ich brach auch etwas, und zwar einen neuen Rekord. Das kürzeste Tinderdate aller Zeiten. Weil meine Mutter mich wohlerzogen hatte – »Sei immer schön nett zu allen, auch zu einem Typen, den du über eine Dating-Plattform kennengelernt hast und der dich zum ersten Treffen auf eine merkwürdige Sexparty schleppt, wo Leute sich anspucken und mit Seilen fesseln«, das waren ziemlich exakt ihre Worte glaube ich –, sagte ich noch kurz Tschüss, dann war ich weg.

Fluchtartig verließ ich den Raum, den Club, die Straße, am liebsten hätte ich gleich das ganze Land verlassen und mich an der Küste von Rio de Janeiro weinend in den Sand geworfen und von den Wellen wegtragen lassen. So weit kam ich aber nicht, um genau zu sein, kam ich nicht mal hundert Meter weit. Dann hielt mich ein Mädchen auf. Sie wirkte sehr schüchtern und trug einen Retro-Adidas-Jogginganzug.

»Ähm, hier soll so eine Party sein und ein Club – weißt du, wo das ist?«, fragte sie zaghaft und guckte mich mit ihren unschuldigen Augen groß an. Ich drehte mich kurz zur Seite, um nachzusehen, ob sie in Begleitung unterwegs war und ich diese übersehen hatte, aber sie war alleine. Damit konnte sie unmöglich die Party meinen, von der ich gerade geflohen und nun auf dem Weg nach Südamerika war.

»Also hier gibt es einen Club und eine Party, ja«, sagte ich zögerlich.

»Wo ist das?«, fragte sie und ihre Augen leuchteten.

»Hmm, dadrüben«, sagte ich und zeigt in die Richtung, aus der ich gekommen war, »aber ich bin mir nicht sicher, ob das wirklich das ist, wo du hinwillst …?«

Jetzt guckte sie, als wären wir in der Wüste, als hätte sie dort seit Wochen keine Menschen getroffen und ich hätte ihr gerade den kürzesten Weg zu einer Oase gezeigt.

»Wieso? Wie war die Party?«

Sie wirkte auf einmal so aufgeregt. Wie ein kleines Kind am Weihnachtsmorgen, das vermutete, gleich den Weihnachtsmann persönlich zu sehen. Ich hatte das Gefühl, ich sollte ihr sagen, dass sie da eher was anderes sehen würde – wenngleich es tatsächlich ein älterer Mann mit einem Sack sein könnte.

»Also … die haben da halt nichts an auf der Party … Die sind nackt …«, sagte ich vorsichtig und versuchte, es klingen zu lassen wie eine Warnung.

Jetzt grinste sie wie Chuckie die Mörderpuppe, das meine ich vollkommen ernst, und fragte wie paralysiert: »Oh ja? Alle, wirklich alle? Und wie ist die Stimmung? Sind alle gut drauf?« Alles klar. Ich brauchte sie weder warnen noch retten. Diese Party, von der ich gerade geflohen war, war genau die Party, auf die sie wollte.

»Super, die Stimmung ist super!«, rief ich und rannte los. Das war zu viel. Ich musste hier weg.

Zu Hause angekommen brauchte ich eine Weile, um zu verarbeiten, was an diesem Abend alles passiert war. Was ich gesehen und erlebt hatte. Erst nach und nach legte sich meine Aufregung. Und während ich mich langsam wieder beruhigte, schaltete ich meinen Laptop an. Und bestellte eine Powerbank für mein Handy, damit ich nie wieder ohne Akku unterwegs sein musste. Nie nie wieder.

ARIANAS RANDOM FACT: WARUM DIE QUEEN DER KING DER SCHWÄNE IST

Einer meiner liebsten Random Facts kommt aus dem Land mit dem majestätischsten Akzent, den man haben kann: England. Dort gehören nämlich tatsächlich alle Schwäne der Queen! Und zwar, weil im 15. Jahrhundert Schwäne als Delikatesse galten, deren Fleisch und Daunenfedern sie auf dem Markt zu einem Must-have machten.

Damit er nicht ausstarb, wurde der Schwan unter den besonderen Schutz der britischen Monarchie gestellt. Noch heute fahren in jeder dritten Juliwoche die »Schwanmarkierer« über die Themse, um die Schwäne zu zählen.

Ich persönlich hatte nicht unbedingt die schönsten Meet-and-Greets mit Schwänen. Als ich neun Jahre alt war, wurden mein Vater, meine Schwester und ich an einem Brandenburger Badesee von einem Schwan so sehr bedrängt, dass mein Vater ihm Essen aus unserem Picknickkorb zuwarf, damit er uns mit seinem Klapperschnabel keine Gliedmaßen abbiss. Noch bevor ich meinen Vater fragen konnte, ob das den Schwan nicht eher anlocken als abschrecken würde, entstand folgendes Szenario: Der Schwan fing an zu würgen (wirklich!), keuchte und hustete uns seine Zunge entgegen. Mein Vater hatte ihm afghanisches Fladenbrot mit Chili gegeben. Nice try.

Bedauerlicherweise sind Schwäne offensichtlich gar nicht mal so blöd, denn der Schwan schien ganz genau zu wissen, wem er das zu verdanken hatte. Also attackierte er uns umso mehr und vertrieb uns mit seinen wütenden Bissen. Er hatte ein wirklich ernstes Aggressionsproblem.

WARUM ICH LERNENDE
MENSCHEN NICHT ERTRAGE
.LAURA.

Es gibt Situationen im Leben, die kann man einfach nicht mit ansehen. Zum Beispiel wenn sich jemand ganz schlimm übergibt. Ich kenne so viele Leute, die da weggucken, weil sie sonst direkt selbst kotzen müssten. Oder einer Freundin von mir tun immer die Finger-kuppen weh, wenn jemand in ihrer Gegenwart an den Nägeln kaut. Oder wie schlimm sind bitte diese Videos von Menschen, die furchtbar stürzen oder sich verletzen? Den Schmerz fühlt man automatisch selbst mit.

Ich zum Beispiel.

ARIANA

So was hat bestimmt irgendwas mit Empathie und eigenen Erfahrungen zu tun. Psychologisch kann ich das natürlich überhaupt nicht erklären. Ich weiß nur, dass es eine ganz bestimmte Sache gibt, die bei mir Flashbacks in Form von Bauchschmerzen auslöst. Ich kann keine lernenden Menschen sehen.

Wenn ich morgens in der U-Bahn jemandem gegenübersitze, der den Hefter vor sich aufgeschlagen hat, um sich etwas einzuprägen, dann starre ich wie bei einem furchtbaren Unfall auf die Bio- oder Matheaufzeichnungen eines fremden Menschen und fühle mich,

55

als hätte ich instant das Norovirus bekommen. Mir wird heiß, mein Magen grummelt und ich will einfach nur aufs Klo. Dann atme ich tief durch und versuche, schnell an etwas anderes zu denken, denn wenn ich das nicht tue, werde ich umgehend in eine Zeit zurückversetzt, die ich nie wieder erleben möchte: in meine Schulzeit.

Allen Leuten, die behaupten, die Schulzeit wäre die beste Zeit im Leben, möchte ich eine ernst gemeinte Frage stellen: Spinnt ihr eigentlich komplett? Wie kann es die schönste Zeit des Lebens sein, wenn ihr nach der Schule zu Hause saßt und auswendig lernen musstet, wie die Fotosynthese funktioniert? Wie könnt ihr euch nach einer Zeit sehnen, in der ihr Baumdiagramme zeichnen und Funktionen berechnen musstet? Ich verbinde mit der Schulzeit Druck und Tränen. Erwartungen von erwachsenen Menschen und Zahlen von eins bis sechs, die ausdrücken sollten, wer ich bin und wer ich mal sein werde. Und laut dieser Zahlen war ich ein Niemand. Ein Minusmensch! Doch so schlecht ich auch in der Schule war, für eine Sache hätte ich durchgehend eine Eins plus verdient, und zwar fürs Verdrängen. Ich war die Meisterin im Feiern, Serien gucken und Jungs treffen, obwohl am nächsten Tag die wichtigste Klausur des Halbjahres anstand. Ich weiß nicht, ob ich dachte, ein fotografisches Gedächtnis zu besitzen, aber irgendwie nahm ich an, eine Stunde vor dem Frühstück würde ausreichen, um zwanzig Seiten Geschichtszahlen auswendig zu lernen. Newsflash: Es reicht nicht. Das habe ich dann kurz vorm Unterricht auch bemerkt und bin einfach wieder nach Hause gefahren. Und da saß ich nun und überlegte, welche Krankheit ich mir ausdenken konnte, um die Arbeit später noch mal nachzuschreiben.

Das Fieberthermometer an die Lampe halten, bis da ne 38.5 auf der Anzeige steht, gehörte noch zu den harmlosen Geschichten. Aufwendiger war es da schon, einen Unfall mit dem Motorroller zu faken. Dazu braucht man mehrere Steine, um über den Lack zu kratzen. Der Roller muss schon ein bisschen kaputt aussehen, damit der Unfall authentisch wirkt. Mit den gleichen Steinen kratzt man dann außerdem so lange am Knie rum, bis es ein bisschen blutet. Das tut zwar weh, kommt aber megareal rüber. Zum Schluss wird's fast lustig. Da darf man sich mit seinen Klamotten nämlich im Schotter suhlen, damit auch alles schön schmutzig aussieht. Tadaaa, fertig ist der Verkehrsunfall und schon werdet ihr eine Woche lang krankgeschrieben. Ich hätte jetzt also sieben Tage Zeit gehabt, für den Nachschreibetermin zu lernen. Aber die Welt bleibt während einer Scheinkrankheit nicht stehen und in der Schule interessiert es niemanden, ob du im Schotter lagst und am Knie blutetest. Da ging es auch ohne meine Anwesenheit weiter mit Hausaufgaben, Formeln, Definitionen und Voka-

Mein Tipp: sehr intensiv Migräne mit Übelkeit vortäuschen, so hab ich das immer gemacht. Das Blöde: Man bekommt dann *wirklich* Kopfschmerzen! Das Gute: Es wirkt superauthentisch.

ARIANA

beln. Und so verlor ich immer mehr den Anschluss und bekam Zensuren, mit denen ich mich irgendwann zu Hause nicht mehr blicken lassen konnte. Also wurde ich beim Thema »Krankheiten ausdenken« wieder kreativ, denn natürlich habe ich meinen Eltern nichts von den ganzen ehrenlosen Bewertungen erzählt, die unter meinen Klausuren standen. Blöd nur, dass es irgendwann die Regel gab, dass ab der Note vier immer alle Arbeiten vom Erziehungsberechtigten unterschrieben werden mussten. Das war der Zeitpunkt, an dem ich anfing, Unterschriften zu fälschen.

Eigentlich hätte ich mir den Riesenaufwand, den ich da betrieb, sparen können. Als ob irgendein Lehrer auf der Welt, der hundert Schüler unterrichtet, checkt, ob das die Schrift meines Vaters, meiner Mutter oder meiner kleinen Schwester ist. Aber ich wollte auf Nummer sicher gehen und wenn es geheime Videoaufnahmen aus meinem Kinderzimmer gäbe, dann würde man mich sehr oft hoch konzentriert am Fenster stehen sehen. Denn dort verbrachte ich viel Zeit, um im perfekten Licht die Unterschrift meiner Mutter so detailgetreu wie möglich abzupausen. Alle Schüler aus dem digitalen Zeitalter lachen jetzt wahrscheinlich laut. Aber Smartphones, die natürlich ideal zum Abpausen funktionieren, gab es damals noch nicht. Sonst wäre die Aktion mit dem Notenspiegel auch nicht so ein Struggle gewesen. Den gab es nämlich alle paar Monate und darauf zu sehen war jede einzelne Note aus dem aktuellen Schuljahr. Dieser Zettel musste natürlich auch unterschrieben werden und meine Eltern warteten schon ganz gespannt, dass ich endlich mit meiner süßen Zensurenübersicht nach Hause kam.

Was ich dann gemacht habe, finde ich im Nachhinein wirklich absurder und frecher als alles andere. Korrekturroller ist hier das Stichwort. So wurden aus Fünfen Vieren oder manchmal sogar Dreien – Photoshop aus der Steinzeit. Meinen Eltern habe ich einfach gesagt, dass meine Lehrerin sich da wohl verschrieben hätte und keine Ahnung, warum, aber sie haben mir das geglaubt und den Notenspiegel unterschrieben. Zum Ende kam der kniffligste Teil. Mit einem Geodreieck oder sehr scharfem Lineal musste ich die »korrigierten« Zahlen wieder freikratzen, damit die eigentliche Zensur wieder zum Vorschein kam und ich den ganzen Schwindel in der Schule unterschrieben abgeben konnte. Gerade schäme ich mich ganz schön für meine Aktionen und ich war auch damals nicht stolz darauf. Aber was interessiert mich Stolz, wenn ich mir durchs Lügen die enttäuschten Gesichter meiner Eltern ersparen konnte? Reichte ja schon, dass die Lehrer mich anguckten, als würden sie nur darauf warten, dass ich endlich aufgab. Besonders die Blicke meiner Deutschlehrerin fühlten sich wie stechende, herausfordernde Pfeile an, die sich in mein Gehirn bohrten und sagten: »Du gehörst hier nicht hin. Gib auf! So jemand wie du hat das Abitur nicht verdient.« Sie hat mich gehasst und mir mit Absicht schlechte Noten gegeben. Mein Vortrag über Günter Wallraff war mehr als nur eine Drei wert. Ich wusste das und meine Deutschlehrerin wusste das auch. Sie hat immer gesagt, dass der Zug für mich abgefahren sei und jedes Mal stellte ich mir einen Regionalexpress vor, indem mein ganzer Abijahrgang saß ... ohne mich. Ich lief hinterher und schrie, dass sie auf mich warten sollten. Aber niemand wartete und ich kam nicht hinterher. Und darum habe ich mich auf meinen Roller gesetzt, der, in den ich selbst Schrammen reingeritzt hatte, und habe den Zug eingeholt und das Abi am Ende doch geschafft.

Liebe Frau Deutschlehrerin, dieses Buch ist für Sie. Erinnern Sie sich noch an diese ganzen Züge, die ich verpasst habe, weil sie mal wieder ohne mich abgefahren sind? Nun, aktuell sitze ich in einem ICE und ich sitze schon auf meinem Platz, obwohl der Zug noch gar nicht losgefahren ist. Ich sitze hier und schreibe übrigens ein Buch, obwohl Sie mir in der Deutschprüfung damals nur eine Vier gegeben haben. Und mir gegenüber sitzt ein Mädchen, das gerade den Aufbau einer Gedichtinterpretation lernt. Sie sieht sehr unglücklich dabei aus. Und während ich sie dabei beobachte, wie sich ihr der Unterschied zwischen Kreuzreim und umarmendem Reim nicht erschließt, wird mir ganz schlecht, weil ich ein bisschen an Sie denken muss. An Sie und Ihren Deutschunterricht und daran, dass Sie mir mit Absicht beschissene Noten gegeben haben. Vielleicht erzähle ich dem Mädchen jetzt einfach von Ihnen und sage ihr, dass sie zwar ihr Bestes geben soll, es aber gar nicht schlimm ist, wenn sie das mit der Gedichtinterpretation nicht versteht. Weil das nämlich nur eine ganz winzige, unbedeutende Station in ihrem Leben ist und der Zug noch an viel größeren und schöneren Bahnhöfen anhält.

WARUM ICH NIE OHNE BADEANZUG AUS DEM HAUS GEHE
.ARIANA.

Es gab in meiner Kindheit einen Tag, der mich nachhaltig verstört hat. Also eigentlich hat meine gesamte Kindheit mich nachhaltig verstört, aber in dieser Geschichte soll es explizit um diesen einen Tag im Sommer gehen, als der Kindergarten meine tägliche Routine war und Playmobilpferde mein Leben.

Ich war als Kind ein sehr unsicherer Mensch. Sagt man das so? Also, war ich als Kind schon ein Mensch, als Fünfjährige? Ich meine, klar, im biologischen Sinne natürlich schon, ich war ein menschliches Lebewesen. Aber »Mensch«, das klingt für mich so ... erwachsen. Wenn auf einer Decke zum Beispiel fünf Babys liegen, dann würde ich nie sagen: »Da liegen fünf Menschen.«

Mensch sein beginnt doch eher so als Jugendlicher, oder? Sagen wir, ab der Pubertät. Wenn man Pickel hat eben. Okay, ich lege mich fest: Wer Pickel hat, *der* ist ein Mensch! Und da Babys keine Pickel haben, sind sie keine Menschen, ganz einfaches Ausschlussverfahren, ganz logische Herleitung.

Jedenfalls war ich als Kind sehr unsicher. Ich habe mich nicht viel getraut und mich sehr einschüchtern lassen, zum Beispiel wenn die anderen, meist älteren Kinder ohne mich spielen wollten. Das Hochbett in unserem Kindergarten war wie eine Ritterburg gestaltet, als würde oben an der Burgbrüstung gleich eine Prinzessin erscheinen, die ihr langes blondes Haar herunterlässt. Nur, dass da keine Prinzessin stand, sondern die Erzieherin, und die hatte Dreadlocks. Die sahen aber recht stabil aus, sie hatte sie seit Jahren wachsen lassen. Rückblickend glaube ich schon, dass die es ausgehalten hätten, wenn sich daran eine Fünfjährige hochgezogen hätte.

Ansonsten mochte ich den Kindergarten eigentlich gerne, alles war ganz klein und weit unten und genau in unserer Größe. Die Stühle waren ganz klein und die Waschbecken auch und fast am Boden und im Flur gab es eine bunte Garderobe mit Kleiderhaken, da durfte jedes Kind ein Schild mit seinem Namen über einen der Haken kleben, was ja völlig sinnfrei ist, weil wir noch gar nicht lesen konnten. Als ich das mal Laura erzählt habe, hat sie daran allerdings was ganz anderes gestört: Namensschilder seien doch gar nicht kindgerecht, hat sie gesagt. In Lauras Kindergarten gab es nämlich Tierbilder statt Namensschildern. Jedem Kind wurde eins zugeordnet, Laura hatte die Ente. Sie wusste nicht, warum, fand aber, dass es zu ihr passte. Ich habe mich gefragt, wonach die Erzieher das wohl aussuchten? Gab es den Elefanten für ein eher kräftiges Kind? Den Frosch für ein Kind mit leicht debilem Grinsen? Und ist das der Grund, warum Cro bis heute als Markenzeichen eine Pandamaske trägt? Vielleicht kann er ja bis heute nicht lesen, der Arme. Deswegen wird bei seinen Auftritten dann immer das Tierbild mit dem Panda an seine Garderobentür geklebt und dann weiß er, da ist das Fach mit seinen Sachen. Man muss sich ja nur zu helfen wissen!

Jedenfalls hatten wir im Kindergarten diese bunte Garderobe, und jedes Kind hatte da ein paar Wechselsachen in seinem Fach, ein paar Rutschsocken und eine Strumpfhose. Auch so ein Ding: Warum tragen Kinder immer Strumpfhosen zum Abhängen? Ja klar, es ist gemütlich und praktisch, aber es sieht nicht gerade vorteilhaft aus. Und ganz ehrlich, es gibt ja auch so kleine Sneaker für Kinder, in Miniformat. Da wird es ja wohl auch kleine, gemütliche Jogginghosen geben!

Was jedenfalls auch nicht in den Fächern war, waren Badesachen. Das war nicht weiter schlimm, denn selbst wenn Sommer war, sagten die Erzieher vorher an, wenn Baden auf dem Programm stand.

An besagtem Tag, einem Montag in den Sommerferien, brachte meine Mutter mich in den Kindergarten. Heutzutage werde ich ja oft ausgelacht für meine ellenlangen To-do-Listen, für meine akribische Kalenderplanung und meinen notorischen Ordnungsdrang. Hätte ich all das mal als Kind schon gehabt! Hätte ich mal einen Minikalender gehabt und einen Zauberstift mit Glitzer, mit dem ich meine Termine darin eintragen hätte können, dann wäre mir dieser Fauxpas sicher nicht passiert. In dem Moment nämlich, als meine Mutter gegangen war, fiel mir ein, dass am Freitag angesagt worden war: Am Montag ist Ferienprogramm, wir gehen schwimmen! Und ich hatte keine Badesachen mit. Und meine Mutter hatte kein Handy mit. Damals gab es nämlich noch keine Handys. Und ja, diese Tatsache gibt mir gerade das Gefühl, als wäre ich ein steinalter Dinosaurier mit grauen Haaren und einer rahmenlosen Brille und als würde mein Geburtsjahr mit achtzehnhundert anfangen.

Ich konnte sie also nicht auf ihrem nicht vorhandenen Handy anrufen, aber selbst wenn, was hätte sie machen sollen? Mir schnell einen Badeanzug stricken?

Die Erzieherinnen haben dann gemeinsam mit mir im Fundus geguckt. Der Fundus war eine große Kiste mit allem, was diverse Kinder mal verloren, vergessen oder zu Hause aussortiert hatten. Noch mehr Strumpfhosen, Kuscheltiere, Mützen, Regenhosen.

Das Einzige darin jedoch, in dem man hätte baden können, war eine blaue Jungs-Boxershorts. Hellblau, so richtig quietschig, wie diese Eisbonbons, bei denen in der Werbung ein Eisbär auf einem Gletscher sitzt und splitternden Atem brüllt.

Man konnte also nur auffallen darin. Schlimmer als die Farbe war jedoch der Fakt, dass es zu der Boxershorts natürlich kein Oberteil gab. Also für mich war das schlimm. Für die Erzieherinnen gar nicht, die sahen da kein Problem. Ich hatte ja noch keine Brust. Weil ich ja noch kein Mensch war.

Mir blieb also tatsächlich nichts anderes übrig, als in dieser unsäglichen Jungs-Badehose den Gang ins Freibad anzutreten. Dort angekommen schritt ich langsam ins Wasser. Wie eine Exorzismus-Patientin aus einem Horrorfilm, die sich gerade selbst im See ertränken will, watete ich bis zum Hals tief rein und da blieb ich und rührte mich nicht mehr.

Hallo, ich war oben ohne! Mit fünf! Für so was landet man in anderen Ländern dieser Welt im Gefängnis! Also ich weiß nicht, in welchen Ländern, aber es gibt sie bestimmt.

Während ich da so stand, als hätte mich von unten einer dieser Abflussschächte angesaugt, sodass ich mich keinen Zentimeter von der Stelle bewegen konnte, versuchten meine Kindergartenfreundinnen, mich zum Spielen aufzufordern.

»Spielen« hieß in dieser Situation, sich gegenseitig zu fangen, eine Gruppe Meerjungfrauen zu imitieren, die anmutig mit ihren riesigen Schwanzflossen durchs

Wasser glitten, oder – flippermäßige Geräusche von uns gebend – wie Delfine in die Höhe zu springen, um in gekrümmter Körperhaltung wieder in das chlorige Wasser des Nichtschwimmerbeckens einzutauchen.

Ey, ich konnte doch kein Delfin sein, ein Delfin mit Nippeln oder was?

Also schüttelte ich nur stumm den Kopf und sagte leise: »Mir ist kalt.« Das ergibt physikalisch gesehen natürlich überhaupt keinen Sinn, denn hätte ich mich bewegt, wäre mir auch ganz schnell warm geworden. Aber ich hatte wohl Glück und meine Kindergartenfreundinnen waren noch nicht gebildet genug, mir meine eigene Bildungslücke vorzuhalten und so meine Tarnung auffliegen zu lassen.

Das Absurde an der Situation war: Ich traute mich nicht, das schützende Gefilde Schwimmbecken zu verlassen, damit man nicht sah, dass ich als Mädchen eine Jungs-Badehose anhatte und eine freigelegte Kinderbrust vor mir hertrug. Ich bin aber ziemlich sicher, dass bei meinem fünfjährigen Körperbau und meiner Kurzhaarfrisur keiner der Badegäste überhaupt gemerkt hätte, dass der Zwerg in der Badehose da mit dem flachen Oberkörper überhaupt kein Junge war. Aber so differenzierte Gedanken kommen einem ja in der Regel erst fünfzehn Jahre danach, wenn es viel zu spät ist.

Ich verbrachte diesen Sommertag im Schwimmbad also hauptsächlich damit, bewegungslos im Nichtschwimmerbecken zu stehen oder als einziges Kind neben den

Erzieherinnen auf der Decke zu sitzen, ein Handtuch um mich geschlungen, und mit künstlich zitternden Lippen »Mir ist kalt« zu bibbern. Was wenig authentisch war, bei 32 Grad Außentemperatur im Schatten.

Zumindest hatte ich daraus etwas gelernt: Ich teilte meiner Mutter mit, dass ich dringend einen Badeanzug bräuchte, der nur für Ausflüge mit dem Kindergarten bestimmt war und immer, immer, immer, im Fach über der bunten Garderobe liegen müsste.

Zu meinem Erstaunen stellte sie keine Rückfragen, sondern ging mit mir in die Kinderabteilung eines Bekleidungsgeschäftes. Dort suchte ich mir einen Badeanzug aus und trug ihn fortan mit großem Stolz, denn ich war vorbereitet. Man hätte mich an jedem Wochentag, zu jeder Uhrzeit, mit einem Schwimmbadbesuch überraschen können – ich hatte einen Badeanzug!

Neulich habe ich ein Foto von mir aus dieser Zeit gefunden. Auf dem Foto trage ich den Badeanzug, an dessen Details ich mich bis dahin nicht mehr erinnern konnte.

Er war aus zehntausend Prozent Plastik, neonpink und hatte eine paspelierte Oberfläche, sah also aus wie menschliche Gedärme. Und mein einziger Gedanke war: Hättest du doch einfach weiterhin die blaue Jungs-Badehose getragen!

> Und tatsächlich trägt sie den Badeanzug heute noch, ist mittlerweile hinten rum ein Tanga und sieht richtig sexuell aus.
>
> LAURA

ARIANAS SCHNAPSIDEE: SAMBUCA

Mit Shots ist es wie mit Musik, klar, man hört auch mal hier und da in Genres rein, die man sonst skippen würde, will neuen Künstlern eine Chance geben oder Musik hören, die Freunde empfohlen haben. Aber am Ende kehrt man doch wieder zum Gewohnten zurück und freut sich darüber, dass einen die Alltime-Favorites immer wieder zuverlässig glücklich machen. Genauso verhält es sich mit Sambuca. Der »Bohemian Rhapsody« unter den Shots, damit liegt man immer richtig.

Einfach Sambuca in ein Shotglas, drei Kaffeebohnen dazu (Bohnen, nicht Pulver) und den Sambuca anzünden. Wenn ihr eine gute Mundmuskulatur habt, jetzt die Flamme auspusten, ansonsten geht auch mit einem Bierdeckel ersticken. Kopf in den Nacken, Kaffeebohnen knacken! Ach ja, und trinken nicht vergessen.

WARUM ICH MICH GEGEN EIN LEBEN MIT CHRISTIAN ODER STEFAN ENTSCHIEDEN HABE

.LAURA.

Zu meinem neunzehnten Geburtstag bekam ich von meiner Freundin ein schwarzes ledergebundenes Notizbuch, auf das sie mit goldenem Permanentmarker »Im Herzen bin ich Großstadtindianer« geschrieben hatte. Darin sollte ich meinen ersten Roman schreiben. Eine Geschichte über mich und wie ich aus meiner kleinen Heimatstadt Parchim in die große Stadt Berlin ziehe, um dort sehr berühmt zu werden.

Mal abgesehen davon, dass der Begriff Indianer politisch nicht korrekt ist, ist dieser Roman natürlich niemals entstanden. Die Freundin von damals ist nicht mehr meine Freundin. Und sehr berühmt bin ich auch nicht geworden. Aber ich bin immerhin nach Berlin gezogen und manchmal frage ich mich, was wohl passiert wäre, wenn ich in Parchim geblieben wäre.

Meine Heimatstadt ist sehr klein. Es gibt ungefähr neunzehntausend Einwohner, und um es mit den Worten meiner Eltern zu sagen: »Man kennt sich hier aus dem Stadtbild.« Früher dachte ich immer, im Rathaus oder bei der Polizei hängt wohl ein riesiges Brett mit kleinen Passfotos darauf, auf dem die wichtigsten

Menschen aus Parchim zu sehen sind. Heute weiß ich, es bedeutet lediglich, dass hier jeder jeden kennt oder zumindest schon mal gesehen hat. Anonymität wird in Parchim also relativ kleingeschrieben. Ungefähr in Schriftgröße 4 pt in Schriftart Calibri.

Würde ich also in Parchim leben, ich würde versuchen, optisch eher nicht so aufzufallen. Ich sähe also garantiert ein wenig anders aus als aktuell. Ich glaube, ein kleiner schräg geschnittener Pony und schulterlange gestufte Haare mit blonden Blocksträhnen ergäben einen passenden frechen Look für meine Heimatstadt. Abrunden würde ich das Ganze mit einem natürlichen Tages-Make-up und einer rahmenlosen Brille. Weniger ist nämlich definitiv mehr. Da Parchim so klein ist, dass man fast alles mit dem Fahrrad erledigen kann, wäre ich stylingtechnisch wohl eher der sportliche, gleichzeitig aber auch praktische Typ, mit dunkelblauen Jeans, die nach unten hin leicht ausgestellt sind, einer wetterfesten hellblauen Softshelljacke und ganz kleinen rosaweißen Sneakern aus Kunstleder, in die man aber wie in Ballerinas einfach reinschlüpfen kann. So würde ich durch Parchim fahren. Auf einem Trekkingrad mit Korb und Gepäckträger und einer lustigen, großen bunten Fahrradklingel vorne am Lenker.

Arbeiten würde ich irgendwo in der Stadtverwaltung. Das ist schließlich was Solides und da wird man nach Tarif bezahlt und ich könnte unbesorgt in Elternzeit gehen. Denn in Parchim hätte ich selbstverständlich schon längst ein Kind. Es wäre ein Mädchen und würde Charlotte oder Emmy heißen und hätte selbst genähte kleine Pumphosen von Dawanda an, auf denen Fliegenpilze oder lustige Äpfel aufgedruckt sind.

Mein Mann Stefan oder Christian würde das Geld nach Hause bringen. Er würde bei den Stadtwerken arbeiten und ganz gut verdienen. Deswegen könnten wir uns auch eine Doppelhaushälfte im Neubaugebiet leisten. Einen Klinkerbau mit weißen Türen und Fenstern und am Eingang würde ein auf alt gemachtes Holzschild mit den eingravierten Worten »Mi casa es su casa« hängen. Stefan oder Christian würde zweimal die Woche Hallenfußball spielen, deswegen könnte ich mittwochs immer die Mädels einladen. Tina, Steffi und Corinna, die dann etwas zu essen mitbringen würden. Manchmal hätten sie neue verrückte Rezepte von chefkoch.de, zum Beispiel irgendwas mit Avocado oder Hummus.

Wir säßen dann zusammen in der Küche und tränken Erdbeersekt und lästerten über die neue Erzieherin in der Kita, die neulich vergessen hatte, Emmy oder Charlotte die Strumpfhose unter die Pumphose zu ziehen. Wir würden es uns mittwochs immer gemütlich ma-

Ja, oder Zucchini-Schiffchen mit Radieschencreme! Oder einen Mettigel, aber mit veganer Paste, das hätten sie in der Brigitte gesehen und es pfiffig gefunden.

ARIANA

chen, die Wandtattoos in der Küche würden für ein gemütliches Ambiente sorgen, fast wie beim Italiener in der Innenstadt. Neben dem Kühlschrank stünden zum Beispiel in verschnörkelten braunen Buchstaben die Wörter »Cappuccino« oder »Latte Macchiato« und dazwischen klebten witzige kleine Kaffeebohnen.

In Parchim wäre ich generell eine Frau, die großen Wert auf Inneneinrichtung legt. Das Badezimmer wäre auf jeden Fall maritim dekoriert. Mit kleinen Muscheln auf dem Badewannenrand und einem Fischernetz an der Decke. Vielleicht wäre auf der Klobrille sogar eine Unterwasserwelt zu finden.

Am Wochenende würden wir bei schönem Wetter oft eine Radtour machen. Zur Mecklenburgischen Seenplatte. Gut, dass wir uns zu Weihnachten von unseren Eltern einen Dachgepäckträger gewünscht hätten. Seitdem wären wir echt superflexibel und könnten mit dem Fahrrad schon die schönsten Plätze in Deutschland erkunden. Christian oder Stefan und ich hätten uns dafür die gleichen roten Fahrradjacken gekauft. Innen wären sie aus weichem Fleece und von außen wasserabweisend mit kleinen Reflektoren an den Schultern.

Wenn ich darüber so nachdenke, dann käme mir ein Parchim-Leben ganz schön spießig vor. Dann müsste ich mit Christian oder Stefan bestimmt auch so ein Pärchen-Fotoshooting machen. Eins, wo zwischen uns ein Baum steht und wir uns dahinter verliebt angucken.

Oder eins, wo Christian oder Stefan die Hand so hält, dass es durch optische Täuschung so aussieht, dass ich ganz klein bin und er mich trägt. Dabei stehe ich einfach nur weiter weg. Die Fotos würden wir dann bestimmt den Großeltern schenken und wenn es ganz blöd läuft, werden die Bilder beim Fotografen im Schaufenster ausgestellt.

Ich würde jetzt gerne sagen, dass es ja viel cooler ist, in einer Fünfer-WG in Berlin zu wohnen. In der aus der Dusche zwei Wochen lang nur kaltes Wasser kommt und in der man immer Essen bestellen muss, weil es nur noch Geschirr gibt, das schon schimmelt, weil es sehr lange nicht sauber gemacht wurde. Und generell würde ich gerne sagen, wie sehr ich mich selbst gefunden habe in Berlin. In der Zeit, in der ich Mitte des Monats nur noch zwanzig Euro hatte und es jeden Tag Nudeln mit Ketchup zum Abendbrot gab. Aber hey, dafür hatte ich ein voll cooles unbezahltes Praktikum beim Radio, war jeden Tag pleite feiern und habe nachts um vier bei minus zehn Grad allein auf die S-Bahn gewartet und mich so einsam gefühlt wie noch nie im Leben.

Vielleicht wäre mein Leben in Parchim ein bisschen langweiliger als das in Berlin. Aber wenn ich Samstagnacht am U-Bahnhof Leopoldplatz mal wieder in Kotze trete oder das vierte Mal in Folge mein Rad aus dem Innenhof geklaut wurde und ich mich im Sommer neben

Hundekacke in den Park lege, weil ich mir eine Wohnung mit Balkon nicht leisten kann, dann klingt die Küche mit den Wandtattoos in Parchim, in der Christian oder Stefan sitzt und mit der Kleinen spielt, plötzlich doch gar nicht mehr so schrecklich.

WARUM DIE POLIZEI UND ICH FREUNDE FÜRS LEBEN SIND

.ARIANA.

Also, es ist ja nicht so, dass ich total selbstbewusst zu Menschen sage: »Hey, Leute, ich bin Ariana und ich bin so, wie ich bin, akzeptiert das bitte.« Ich frage mich ja schon manchmal, was bei mir eigentlich schiefgelaufen ist.

Bestes Beispiel: meine Liebe zur Polizei. Die Polizei ist für mich so was wie Snoop Dogg für Kiffer, Umberto Eco für Literaturfans oder der Barcelona Chair für Designliebhaber. Eine Offenbarung! Die Verkörperung von Perfektion.

Jetzt werden sicherlich viele sagen: »Aaaach, das ist doch völlig normal! Uniformen finden doch viele attraktiv.« Nein. Einfach nein. Es geht nicht um die Uniform. Okay, nicht ausschließlich. Es geht um alles an der Polizei. Das Kuriose an meiner Faszination für

Deutschlands großartigsten Berufszweig ist, dass ich nicht immer so viele positive Gefühle für die Polizei übrighatte. Im Gegenteil, es war zu Beginn eine von Angst und Einschüchterung geprägte Beziehung. Ich weiß noch, wie mich immer, wenn ich zu Schulzeiten irgendwo Polizisten oder Polizistinnen gesehen habe, sofort das Gefühl überkam, ich hätte etwas falsch gemacht. Etwas Illegales getan. Und würde gleich dafür büßen müssen. Das war natürlich vollkommen absurd, ich ging schließlich gerade einfach nur über eine grüne Ampel und das Schlimmste, was ich an dem Tag getan hatte, war vielleicht, ein Kaugummipapier auf den Boden fallen zu lassen. Absichtlich.

Trotzdem fühlte ich mich immer, wenn mich der Blick eines Polizisten oder einer Polizistin traf, als hätte ich gerade mit einem weißen Lieferwagen zwanzig Hundewelpen aus Polen überführt, die ich in meinem Keller auf einem Metalltisch bei lebendigem Leib mit einem Skalpell zerlegen würde, um danach Selfies von mir mit den kleinen Hundeleichen zu machen und die an alle Zeitungsredaktionen Deutschlands zu schicken.

Den Kopf senken, ruhig atmen und bloß nicht zeigen, dass mein Herzschlag gerade im Takt eines Maschinengewehrs schlug, war in diesen Situationen alles, was mir übrig blieb.

Im Nachhinein denke ich, ich hätte vielleicht mal so ein Trainingscamp für Astronauten mitmachen sollen.

Da lernen die doch, in Gefahrensituationen ruhig zu bleiben und ihr Adrenalin im Griff zu haben. Ich konnte wirklich nur von Glück reden, dass ich meine erste nähere Begegnung mit der Polizei nicht alleine durchstehen musste.

Ich war zweiundzwanzig und machte gerade den Führerschein. Mein Fahrlehrer Peter war wirklich der geduldigste, einfühlsamste und wortgewandteste Fahrlehrer, den man sich vorstellen konnte, und wenn man bedenkt, dass ich auf meinen ersten Autobahnfahrten beim Spurwechsel vor Angst durchgehend laut geschrien habe, musste er einiges durchmachen.

Trotzdem war es ihm sehr wichtig, seine Fahrschüler und Fahrschülerinnen nicht in Watte zu packen, um sie langsam und sanft auf den Straßenverkehr vorzubereiten, der sie dann mit aller Härte treffen würde, sobald sie ohne Peters Bremsfuß alleine durch Berlin fuhren. Stattdessen wollte er, dass wir uns gleich mit den roughen Street Rules vertraut machten, um bestens für die Zeit nach der Fahrschule gewappnet zu sein. Deshalb hatte er auf dem Fahrschulauto auch weder Klebefolie mit dem Namen der Fahrschule angebracht, die mit lustigen Sonnenstickern und bunten Comicautos verziert war, noch trug das Auto sonst ein Schild oder einen Hinweis, der verriet, dass es sich um ein Fahrschulauto handelte, das von jemandem mit den Skills eines Dreijährigen auf einem Bobbycar gelenkt wurde. Er wollte einfach verhindern, dass die anderen Autofahrer mit so viel Rücksicht um uns herumfuhren, dass wir später dann völlig überfordert mit der Realität waren und weinend am Straßenrand endeten, nur weil wir zweimal angehupt worden waren.

Und so fühlte ich mich mit Peter im nicht erkennbaren Fahrschulauto, als wären wir die Protagonisten in einem Musikvideo von Dr. Dre. Mitten im Getto. Mit schusssicheren Panzerglasscheiben. An seinem blauen VW Polo, den ich »Paula« getauft hatte.

An einem grauen Wintertag in Berlin, an diesem Tag war bei mir einfach alles schiefgelaufen und mein Nervenkostüm war so dünn wie ein Victoria's Secret Model, stand eine Fahrstunde mit Peter und Paula an. Ich erinnere mich noch sehr gut, wie ich zu Peter sagte: »Heute darf echt nichts mehr schiefgehen, sonst krieg ich die Krise.« Das Universum ist ein elendes Arschloch, ich sag's euch.

Ich glaube, das ist der Unterschied zwischen uns. Während Ariana ihre Fahrstunden in einem Schmelztiegel aus Chaos, Stress und Unfreundlichkeit absolvieren musste, hat mich mein Fahrlehrer in Parchim in Watte gepackt. Deswegen bekomme ich im Berliner Straßenverkehr regelmäßig eine kleine Krise und Ariana cruist souverän und furchtlos durch die Stadt!

LAURA

Kaum zehn Minuten auf der Straße unterwegs, mit angestrengtem Blick wie Snoop Dogg, wenn er hört, dass sein Stammdealer von der Polizei hochgenommen wurde, schrillten plötzlich Sirenen direkt hinter uns auf.

»Fahr, fahr!«, sagte Peter ruhig, aber bestimmt. Hinter uns versuchte ein Rettungswagen mit Blaulicht, sich durch den Berliner Feierabendverkehr zu drängen.

»Wohin denn?«, fragte ich panisch und war wie gelähmt. Vor dieser Situation hatte ich mich schon so lange gefürchtet. Weil ich wusste, was passiert: Wenn ich in Panik gerate, kann ich mich nicht mehr bewegen. Wie eine Eidechse, die zu lange im Schatten gelegen hat. Es setzt einfach alles aus bei mir, ich kann von Glück sagen, dass der Schließmuskel dann noch funktioniert. So auch jetzt. Ich konnte mich nicht mehr rühren.

»Na rechts ran!«, sagte Peter, griff mir geistesgegenwärtig ins Lenkrad und drückte den Fuß auf das zweite Gaspedal, das sich in seinem Fußraum befand.

Ein paar Sekunden später war alles vorbei und die Rettungswagensirene jaulte irgendwo in der Ferne weiter.

»Alles okay?«, fragte er und sagte noch, dass ich das doch gut gemacht hätte. Das kam mir in etwa so authentisch vor, wie wenn man zum Pilot des Flugzeugs, das ins World Trade Center in New York geflogen ist, anerkennend gesagt hätte: »Super gemacht, nee wirklich! Ein paar haben's doch überlebt!«

Ich wollte gerade wieder anfahren, da ging es von vorne los, wieder Sirenen, wieder Blaulicht. Aber dieses Mal war es die Polizei. Und sie stellte sich mit ihrem Streifenwagen quer vor Paula, sodass ich keine Chance hatte, weiterzufahren. Mein Herz rutschte in die Hose. Da hatte ich mein Snoop-Dogg-Musikvideo.

»Einmal Führerschein und Fahrzeugpapiere«, sagte eine sehr strenge Polizistin und guckte so böse, dass ich Angst hatte, sie würde mit ihrem Blick ein Loch in meine Netzhaut brennen. Wenn sie damit meine Kurzsichtigkeit hätte weglasern können, hätte ich damit kein Problem gehabt.

Peter reichte ihr die Papiere und fragte, was denn das Problem sei. Die Polizistin hatte offenbar sehr viele Youtube-Tutorials geguckt zum Thema, wie man eine angespannte Situation noch unerträglicher macht, und ließ sehr lange Pausen zwischen ihren Sätzen. Sie hatte es echt drauf.

»Sie haben der Fahrerin eben wiederholt ins Lenkrad gegriffen. Bei der Fahrt.«

Peter nickte und antwortete in normalem Tempo. »Ja, das ist richtig. Das ist meine Fahrschülerin.«

Die Polizistin hatte zwar keine Brille auf, aber ich fand, dass es ein bisschen so aussah, als würde sie mit nach unten geneigtem Kopf, gründlichst Peters Fahrzeugpapiere studierend, über den Rand einer solchen gucken.

»Ihre Fahrschülerin?«, fragte sie, hätte aber von der ungläubigen Betonung her auch sagen können: »Ihre Zauberfee?«

Peter nickte. Wieder sprach sie unerträglich langsam und mit einem Ton, als würde sie uns gerade zu einer zehnjährigen Haftstrafe verurteilen.

»Und warum ist Ihr Fahrschulauto dann nicht als solches gekennzeichnet?«

»Weil das keine Pflicht ist und ich das für kontraproduktiv halte«, sagte Peter völlig lässig und unbeein-
druckt.

Die Polizistin runzelte die Stirn. »Soso. Sie halten das
also für ›kontraproduktiv‹.«

Das letzte Wort sprach sie noch langsamer aus als den
Rest und so betont, als würde sie es irgendjemandem
zum Mitschreiben diktieren.

Während ich darüber nachdachte, welche drei Ge-
genstände ich mit ins Gefängnis nehmen sollte und ob
es wohl auch Besuchszeiten nach 17 Uhr gab, denn bis
17 Uhr musste meine Mutter immer arbeiten, diskutier-
ten die Polizistin und Peter, ob Paula ein Schild zu tragen hatte oder nicht.

Peter sagte Nein. Die Polizistin sagte Ja. Ich sagte gar
nichts.

Widerwillig ließ die schlecht gelaunte Polizistin uns
schließlich weiterfahren, aber mein Tag war gelaufen.

Ich wollte nicht mehr Auto fahren, ich wollte nicht
mehr rechts vor links üben und die Polizei wollte ich
erst recht nie wieder treffen.

Was danach genau passiert ist, das meine Einstellung
zur Polizei so grundlegend von Angst in Bewunderung
umlenkte, weiß ich nicht. Das macht das Ganze ja so ku-
rios. Vielleicht ist es so wie beim Stockholm-Syndrom,
bei dem die Opfer von Geiselnehmern plötzlich eine
emotionale Bindung zu ihrem Entführer entwickeln.

Im Podcast würde ich jetzt sagen: »Und was die Polizei

angeht, bin ich eine Geisel der Liebe.« Und Laura würde dann sagen: »Oh Gott, Ariana! Ich bitte dich zutiefst!«

Fakt ist, dass ich in den folgenden Jahren das ein oder andere Mal auf Polizeiwachen vorsprechen musste. Weil mir mehrfach Fahrräder geklaut wurden und ich den Diebstahl anzeigen musste. Weil ich meinen Führerschein nachzeigen musste. Und einmal, weil ich von der Freundin meines Chefs gestalkt wurde. Kein Scherz. In der Stalking-Zeit hatte ich so oft mit der Polizeiwache Kontakt, die den Fall betreute, dass ich schon fast von einer Zusammenarbeit sprechen würde. Einer kollegialen Kooperation.

Vielleicht war das auch der Zeitpunkt, an dem aus der Polizei und mir Freunde wurden. Freunde fürs Leben!

Jedenfalls sehe ich sie seitdem als Hüter des Gesetzes. Als Kämpfer für das Gute und Bekämpfer des Bösen. Und als sehr attraktive Beamte in Uniform.

Eine Sache hat sich tatsächlich grundlegend verändert: Wenn ich irgendwo einen Polizeiwagen oder Polizisten sehe, überkommt mich nicht mehr diese Panik, bei etwas ertappt zu werden. Im Gegenteil. Ich denke »Aww, meine Freunde!«, und freue mich richtig.

Manchmal, ganz selten, winke ich ihnen dann sogar zu. Und noch seltener winkt auch mal einer zurück.

ARIANAS RANDOM FACT:
WARUM PIPI MÄNNER IN OHNMACHT
FALLEN LÄSST

»Ich muss so dringend aufs Klo, ich kipp gleich um« – das mag übertrieben klingen, ist es aber nicht. Zumindest nicht bei Männern, das Zauberwort lautet Miktionssynkope.

Klingt kompliziert, ist einfach erklärt: Bei einer überfüllten Blase (hierfür können diverse Umstände verantwortlich sein: tiefer Schlaf, Alkoholkonsum, Faulheit) fällt bei plötzlichem Entleeren der Blase der Blutdruck so schnell, dass Ohnmacht die Folge sein kann.

Und jetzt der Random Fact im Random Fact: Segler, die sich bei Unwettern und niedrigen Temperaturen wegen der vielen Kleidungsschichten das Pipimachen lange verkneifen, dann am wackeligen Bootsrand stehen und durch das Halten des Piephahns nur noch eine Hand zum Festhalten frei haben, sind besonders gefährdet, durch das Ohnmächtigwerden auch noch ins Wasser zu fallen. Diese Fälle gibt es und man erkennt sie daran, dass der Segler mit offener Hose und präsentiertem Dödel aufgefunden wird. Rest in peace.

WARUM ICH MENSCHEN NICHT VERSTEHE, DIE SONNTAGS BRUNCHEN GEHEN

.LAURA.

Wenn mich jemand fragen würde, welcher mein liebster Wochentag ist, dann würde ich mich für den Freitag entscheiden. Freitag ist wie der Anreisetag im Urlaub. Wenn man aufgeregt im Flugzeug sitzt und überlegt, wie das Hotel wohl aussieht und man Pläne schmiedet, wie man es schafft, während der Reise das Maximum an Bräune rauszuholen. Und so ist es eben auch mit dem Freitag. Da hat man noch alles vor sich, Freunde treffen, Party machen, ausschlafen. Am Freitag bin ich für alles bereit. Wenn es sein muss, wäre ich sogar bei einem Spieleabend dabei oder würde mich mit anderen Menschen in einen Escape Room sperren lassen. Ich würde sogar Minigolf im Dunkeln spielen oder Bowlen gehen. Alles schlimme Sachen, die ich machen würde, nur weil Freitag ist. Denn: friday is funday. Der Tag der Vorfreude. Und wenn Vorfreude so ungefähr das beste Gefühl der Welt ist, dann ist das schrecklichste Gefühl das, wenn alles wieder vorbei ist. Der Abreisetag eben, wenn man weiß, dass man jetzt ewig auf den nächsten Urlaub warten muss. Genau so fühlt sich für mich jeder Sonntag an. Ich finde, Sonntage haben eine ganz schlechte Energie. Eine traurige und nachdenkliche Energie, die mich runterzieht und macht, dass ich für mich sein will. Am Sonntag höre ich mit Absicht melancholische Musik, denke über meine Vergangenheit nach und gucke mir im Spiegel dabei zu, wie ich weine. Am Sonntag brauche ich Wärme in Form von Käse, Bettdecken und romantischen Filmen. Freiwillig diesen schützenden Kokon zu verlassen, finde ich absolut selbstzerstörerisch. Und mich darum zu bitten, meinen Schlafanzug auszuziehen und in eine enge Jeans zu steigen, um draußen Dinge zu machen, ist für mich eine bodenlose Unverfrorenheit (ja, auch im Sommer!). Was fällt diesen Menschen also verdammt noch mal ein, mich zu fragen, ob ich an einem Sonntagvormittag brunchen gehen möchte.

Das würde ja bedeuten, dass ich mir an einem Sonntag den Wecker stellen muss, um dann duschen zu gehen, mich zu schminken und mir im Anschluss ein gesellschaftlich akzeptables Outfit anzuziehen. Daran fühlt sich schon mal vieles falsch an. Das Schlimmste daran aber ist ja, dass ich während dieser ganzen Strapazen noch nicht einen Happen gegessen habe und es in den kommenden imaginä-

Also ich finde Brunchen ja super! Da kann man ganz viele tolle Sachen auf einmal essen, Croissants und Pudding und Dinge, die mit Käse überbacken sind, und dann sagt man: »Das ess ich sonst ja nie, aber heute mache ich mal eine Ausnahme!« (Was nicht stimmt, weil man sonst auch ungesund isst, aber so kann man richtig reinhauen.)

ARIANA

84

ren zwei Stunden auch nicht tun werde. Das heißt, ich sitze mit leerem Magen an einem Sonntagmorgen mit ausnüchternden Döner essenden Partyleuten zusammen in der U8 Richtung Berlin Mitte und während ich bis zu diesem Zeitpunkt noch überlegt habe, was ich gleich am Büfett snacken werde, gucke ich dabei zu, wie Menschen versuchen, auf ihrem Trip klarzukommen oder sich einfach nur im Strahl übergeben. Wie appetitlich! Warum sollte ich so eine Fahrt auf mich nehmen? Warum sollte ich mich sonntags in ein überfülltes Café quetschen, wo Kinder weinen und Besteck klappert und eine Kaffeemaschine laute Geräusche macht? Warum sollte ich mich wie ein Rentner im Mallorca-Urlaub freiwillig am Büfett anstellen, um Käse, der an den Ecken schon ein bisschen hart geworden ist, auf mein Brötchen zu legen? Warum sollte ich anderen Menschen dabei zugucken, wie sie Egg Benedict schlürfen, obwohl ich mich dabei fast übergeben muss? Und warum soll ich für das alles auch noch Geld bezahlen? Ich könnte in dieser Zeit im Schlafanzug bleiben und meine Bettdecke mit rüber ins Wohnzimmer auf die Couch nehmen. Ich könnte romantische Highschool-Filme gucken und dabei warme Brötchen aus dem Ofen essen. Und auf diese Brötchen schmiere ich dann Nutella, das von der Wärme zerläuft und auf mein Schlaf-

Das verstehe ich. Brunchen muss man bei jemandem zu Hause! Dann wird's gut. Kostet auch kein Geld.

ARIANA

shirt tropft, was aber egal ist, weil ich ja zu Hause bin und mich da keine Sau sehen kann, außer dem Pizza-Lieferanten, der mir eine Stunde nach dem Frühstück Pizza mit Sauce hollandaise und Käserand bringt, und ich das alles ohne schlechtes Gewissen essen darf und ich nicht Avocado und Chiapudding zu mir nehmen muss, weil das in der Öffentlichkeit besser aussieht. Ich darf nach jedem Essen schlafen. Ich darf nach jedem Schlafen essen. Ich darf pervers sein, denn ich bin für mich allein und kann das Beste aus diesem schrecklichen Tag rausholen, was nur möglich ist. Warum sollte ich diese Freiheit gegen *Brunch* eintauschen wollen? Warum sollte das überhaupt jemand tun wollen? Gibt es vielleicht Leute, die sich allein zu Hause nicht ertragen? Die sich für sich selbst am Wochenende keinen Slot eingerichtet haben, sondern immer unter anderen Menschen sein müssen? Ist Brunchen eine Erfindung von einsamen Personen? Der Gedanke macht mich gerade ein bisschen traurig und ich muss daran denken, wie allein ich mich die ersten fünf Jahre in Berlin gefühlt habe. Ich war so einsam, dass ich mich manchmal habe krankschreiben lassen, nur um eine Woche nach Parchim zu fahren und in der Heimat zu sein. Ich bin jedes Wochenende mit meiner Bettdecke in einer Ikea-Tasche einmal quer mit der S-Bahn durch Berlin gefahren, nur um bei meiner Freundin auf einem kleinen Hochbett zu schlafen, weil ich das Wochenende nicht in meiner kalten, traurigen Wohnung verbringen wollte. Hätte ich damals genügend Geld gehabt und mich nicht von Nudeln mit Ketchup ernähren müssen, dann wäre ich wahrscheinlich jeden Tag brunchen gegangen. Jeden Tag hätte ich Menschen dazu gezwungen, sich mit mir zu treffen, damit ich nicht darüber nachdenken muss, dass ich pleite und Single bin. Okay, hier kommt meine Startup-Idee: Ich gründe ein Café für Singles und Paare, die sich nichts mehr zu sagen haben. Einlass ist nur mit Schlaf- oder Jogginganzug und es gibt keine Stühle, sondern nur Sofalandschaften, auf denen man den ganzen Tag liegen darf. Und die Mitarbeiter in dem Café servieren kalte Pizza und Chips und Eispackungen mit großen Löffeln und fragen dich, welchen Teil von Highshool Musical sie dir anmachen sollen, denn zu jeder Sofalandschaft gehört natürlich auch ein riesiger Fernseher, der mit allen Teeniefilmen, die es gibt, ausgestattet ist.

Ich würde das Café »Den besseren Sonntag« nennen und alle meine Freunde zum Nicht-Brunch einladen und mit ihnen das nächste Wochenende planen und voller Vorfreude in die Woche starten und dann würde ich sagen: Der Sonntag ist gar nicht mal so kacke.

LAURAS SCHNAPSIDEE:
GISELA

Meine Devise ist ja immer: Ein Schnaps ist dann ein guter Schnaps, wenn er nicht nach Schnaps schmeckt (das hat Aristoteles – glaube ich – damals schon gesagt). Und wenn ihr, ohne das Gesicht zu verziehen, die Shots kippen wollt, als wäre es Brause, dann ist vielleicht das Getränk Gisela etwas für euch. Es ist so unkompliziert wie die perfekte Frau in einer Ehe, denn alles, was ihr braucht, sind 2 cl vom guten alten Wodka und 2 cl Limettensirup. Diese beiden Köstlichkeiten miteinander vermischt werden sich in eurem Mund anfühlen wie eine Poolparty in Miami – erfrischend und doch so exotisch. Springbreak, wir kommen!

WARUM DIE DEUTSCHE BAHN MICH ERST IN EIN BURN-OUT TRIEB UND DANN IN DEN FAME

.ARIANA.

Ich habe die Erfahrung gemacht, dass bei Bloggern und Instagramstars, die ursprünglich irgendwo vom baden-württembergischen Land kommen oder in einem Vorort von einem Ort wohnen, den auch keiner kennt, ein gewisser Stolz in der Stimme liegt, wenn sie sagen können: »Ich muss für einen Termin nach Berlin.« Ich glaube auch, dass sie sich danach auf die Fingernägel hauchen und so tun, als würden sie sie an ihrem Shirt polieren, egal ob Mann oder Frau. Denn sie müssen »für einen Termin nach Berlin«.

Diese Möglichkeit der Profilierung bleibt mir ja leider verwehrt, da ich schon in Berlin lebe. Da man sich aber manchmal kleine Träume erfüllen muss, bin ich vor einem Jahr nach Bonn gefahren, um meine Familie dort zu besuchen. Der Grund: So konnte ich endlich auch einmal sagen: »Ich muss für einen Termin nach Berlin«, denn Laura und ich hatten ein Interview bei einem Radiosender. In Berlin.

Wenn ich geahnt hätte, was für ein Trip mich erwarten würde, wäre ich einfach in Kreuzberg in die S-Bahn gestiegen, wie jeder andere normale Mensch auch, und hätte mir das Drama erspart. Aber das konnte ich ja zu dem Zeitpunkt noch nicht wissen.

Nach einer Woche bei meiner Familie war ich also auf dem Weg zum Bonner Hauptbahnhof, denn ich musste für einen Termin nach Berlin, und schon da bekam ich das Gefühl, dass dieser Tag unter keinem guten Stern stand.

Das war ungefähr zu dem Zeitpunkt, als ein Auto neben mir durch eine Pfütze in der Größe des Bodensees fuhr und mich eine Regenwasserwelle übergoss, auf der ein Wakeboardfahrer eine Stunde ununterbrochen hätte surfen können. Von oben bis unten nass wie in einem schlechten Hollywood-Film mit maximal vorhersehbarer Handlung, suchte ich am Bonner Hauptbahnhof das richtige Gleis, da mein Zug kurzfristig woanders abfahren sollte als geplant. So stand es auf der Anzeigentafel. Ich glaube übrigens, dass solche Gleisänderungen nie einen Grund haben. Ich glaube eher, da sitzen vier bis fünf Bahnmitarbeiter in einem kleinen, stickigen Raum mit einer einzigen großen, schlecht geputzten Fensterscheibe, durch die sie das Gewusel der Menschen am Bahnhof beobachten können, und dann fragt einer, mit der vertrockneten Hälfte eines Croissants im Mund: »Wie können wir die heute denn mal wieder so richtig in den Wahnsinn treiben?«

Einer der Kollegen sagt dann: »Lautsprecher kaputt, sodass man nur jedes zweite Wort versteht? Wie wär's damit?«

»Nee, hatten wir letzte Woche schon.«

»Ah. Dann vielleicht Bahnhof räumen wegen Fliegerbombenalarm?«

»Das dürfen wir nur einmal im Monat, hatten wir auch schon.«

»Hmm. Wie wär's mit Gleisänderung? Wir könnten alle Züge von Gleis 5 auf Gleis 1 verlegen, die von Gleis 8 auf Gleis 3 und alle ab Gleis 10 um jeweils ein Gleis nach oben verschieben?«

»Ja, das find ich gut. Das nehmen wir!«

Nun hat der Bonner Hauptbahnhof nur fünf Gleise, aber auch mit fünf Gleisen kann man ein mittelgroßes Chaos anrichten, da gibt es ja zahlreiche Kombinationen, die man da vertauschen kann. Wie viele, kann ich leider nicht ausrechnen, da ich schon immer sehr schlecht in Mathe war, aber irgendwie – mit Dreisatz oder so – kriegt man das sicher raus.

Als ich endlich am richtigen Gleis angekommen war, sah ich, dass ich mich gar nicht hätte beeilen müssen, da der Zug auch noch zehn Minuten Verspätung hatte. Mit den Bahnmitarbeitern im stickigen Raum musste wohl die Fantasie durchgegangen sein.

Aber irgendwie hatte ich das Gefühl, dass ich so schnell gerannt war, dass durch den Fahrtwind meine Jacke annähernd getrocknet war. Wenigstens etwas.

Dann kam der Zug am falschen Gleis zur falschen Uhrzeit und brachte mich mit nassen Füßen nach Köln, Bahnhof Messe. Dass dort der Anschlusszug zum Kölner Hauptbahnhof schon weg war, brauche ich nicht zu erwähnen, das ist ja absolut klar. Ich musste also auf den nächsten warten. Die Bahnmitarbeiter in ihrem stickigen Raum haben an dem Tag wirklich ganze Arbeit geleistet.

Während meine Socken mittlerweile nicht mehr klitschnass waren, sondern nur noch den Feuchtigkeitsgrad einer Hängematte hatten, die man eine Nacht lang im Regenwald vergessen hatte, versuchte ich anhand der Informationstafel herauszufinden, wie viel Zeit mir in Köln noch blieb, um den Zug nach Berlin zu bekommen, sollte ich jemals zum Kölner Hauptbahnhof kommen. Währenddessen saß neben mir eine Frau, die auf den ersten Blick nicht ganz alleine unterwegs war, also im Kopf, denn sie beschwerte sich laut und erbost über die Pünktlichkeitsmoral der Deutschen Bahn, obwohl sie außer mir die einzige Person weit und breit war.

Ich teilte zwar ihren Ärger und bekam langsam Angst, das Live-Interview beim Radio in Berlin zu verpassen, allerdings war ich noch nicht verzweifelt genug, um in Köln-Deutz am Bahnhof zu sitzen und mit mir selbst ein lautes Gespräch über meine aktuelle Gefühlslage zu führen.

Erst nachdem ich sie ein paar Minuten lang angestarrt hatte, sah ich den Dackel, der in eine Decke eingewickelt auf ihrem Schoß saß und sie ungefähr so interessiert ansah, als würde sie ihm gerade ein Rezept für

Möhrensuppe vorlesen. Gut, dann redete sie halt nicht mit sich selbst, sondern mit einem Dackel. Aber irgendwie machte es das auch nicht besser.

Langsam hatte ich wirklich das Gefühl, ich war in das Drehbuch eines gescheiterten Sitcom-Regisseurs gestolpert, der jetzt noch mal all seine Energie in einen unfassbar schlechten Film steckte.

Die Frau mit Dackel war gerade dazu übergegangen, ihrem Hund zu erklären, dass es ihr ein Ding der absoluten Unmöglichkeit war, jetzt noch den Tagesplan einzuhalten – da kam endlich der Zug.

Am Kölner Hauptbahnhof angekommen, suchte ich das Reisezentrum auf, wo eine Mitarbeiterin mir freundlich mitteilte, dass der Zug nach Berlin nun schon weg sei und der nächste erst wieder in einer Stunde fahren würde. Dabei strahlte sie mich an, als hätte sie mir gerade eröffnet, dass ich den großen Tagespreis in der Bahnlotterie gewonnen hatte und mit hunderttausend Euro in Hunderteuroscheinen nach Hause gehen würde.

Eine Stunde. Es zum Interview in Berlin zu schaffen: mittlerweile eigentlich unmöglich.

Da mir erst einmal nichts anderes übrig blieb, als es trotzdem zu versuchen und folglich eine Stunde zu warten, und ich keinen Dackel hatte, an dem ich nun meine Wut auslassen könnte, begann ich, eine Nachricht an die Deutsche Bahn zu schreiben. Ich postete sie auf ihrer Facebook-Seite. Jaja, Bahn-Bashing ist out.

So was ist dir aber herzlich egal, wenn du gerade Bahn fährst und sauer bist.

 Ariana Baborie

Liebe Deutsche Bahn,
das »liebe« wollte ich eigentlich durchstreichen,
aber diese Funktion gibt es hier nicht.
Lieb ist jemand, auf den man sich verlassen kann,
der einem hilft, wenn er den anderen in Schwierig-
keiten gebracht hat, der einem nichts Böses will.
Ihr seid nicht lieb.
Ihr seid wie Handseife: Benutze ich oft, würde ich
aber vermeiden, wenn es ginge, weil es unfassbar
nervt.
Ich habe nicht mitgezählt, wie oft ich von euch
schon enttäuscht wurde. Macht man ja nicht in
einer Beziehung, aufrechnen. Und ja – wir sind
in einer Art Beziehung. Geben und nehmen. Ich
gebe – ihr nehmt. Mein Geld zum Beispiel. Gut,
das gebe ich euch freiwillig. Meine Nerven aber
raubt ihr.
Ich hatte einen Zug gebucht. Für heute. Von Bonn
nach Berlin. Ich habe dort einen wichtigen Termin.
Ich hätte auch mit einer Mitfahrgelegenheit fahren
können. Aber da weiß man nie: Kommt der Fahrer,
wie schnell fährt er, steht man im Stau ... Ich hätte
eine Mitfahrgelegenheit nehmen sollen.
Zugverspätung in Bonn, der Anschlusszug wird

nicht erreicht, der nächste auch nicht. Am Kölner Hauptbahnhof frage ich in eurem Servicecenter, wie ich jetzt weiterkommen soll. »Kennen Sie schon den DB Navigator, unsere praktische App?«, fragt eure Mitarbeiterin und strahlt mich an, als wäre heute Weihnachten. Dann seid ihr aber der Teil der Familie, mit dem man auf keinen Fall feiern will. »Da können Sie alle Verbindungen selbst suchen, etwas anderes mache ich jetzt hier auch nicht, aber ich mache das eben für Sie.« Lächelnd. Wow. Wie aufopferungsvoll. Danke. Ich werde sie in mein Abendgebet einschließen. Der nächste Zug nach Berlin fährt eine Stunde später. Eine Stunde. Und er fährt einen anderen Bahnhof an, das heißt: in Berlin mit dem Taxi nach Potsdam fahren, Bahn wird zu knapp. 35 Kilometer. 30 Minuten Zeit. Im Feierabendverkehr. Die Wahrscheinlichkeit, dass ich den Termin schaffe: keine Ahnung, kann ich nicht ausrechnen, ich konnte Stochastik noch nie. Ich dachte immer, das sei was mit Schaschlikspie-ßen. JEDENFALLS IST SIE NICHT SEHR HOCH, JA?!!!! Da es aber ein Live-Interview beim Radio ist, versuche ich es trotzdem. Wenn ich es schaffe, erzähle ich von euch. Macht man doch so in einer Beziehung, immer vom anderen reden. Aber erst mal muss ich ja hinkommen. Na, Deutsche Bahn, zahlt ihr das Taxi?

P.S.: Diesen Text poste ich gerade über euer WLAN. Das ist die einzige Freude, die mir noch bleibt.

Mir hatte mal eine Freundin, die als Mentorin arbeitet, gesagt, dass es wichtig sei, Emotionen zu erkennen und an den Auslöser zu adressieren. Das hatte ich jetzt ja wohl gemacht!

Nachdem ich mich innerhalb der nächsten Stunde zumindest ein bisschen beruhigt hatte, aber immer noch nicht wusste, wie ich es jemals zum Interview schaffen sollte, kam zu meiner großen Überraschung zumindest der ICE nach Berlin pünktlich, und als ich mich auf einem freien Sitzplatz niedergelassen hatte, zeigte mir mein Handy an, dass der Kundenservice der Bahn schon geantwortet hatte.

 Deutsche Bahn Personenverkehr

Hallo Ariana, tut mir leid, dass Ihre Reise nicht so wie geplant verläuft. Dass Sie aufgrund einer Verspätung den Anschluss nicht erreicht haben, ist ärgerlich und ich entschuldige mich für die Unannehmlichkeiten. Bei Verspätung ab 60 Minuten am Zielbahnhof greifen die Fahrgastrechte und Ihnen steht eine Entschädigung zu. Hier finden Sie dazu alle Informationen und das entsprechende Formular: **www.bahn.de / Fahrgastrechte-DBBahn**. Benötigen Sie jetzt noch Hilfe für die Weiterfahrt? / tr

Ich öffnete den Link, aber fühlte mich nicht sehr ent-
schädigt.

 Ariana Baborie

Hallo **Deutsche Bahn Personenverkehr**, habe
den Link gerade geöffnet und werde jetzt in so ein
Mutter-Kind-Abteil gehen, wo es wegen der Babys
so laut ist, dass man mein schallendes Geläch-
ter nicht hört. 25 % Entschädigung?!? Wow. Das
reicht für die Beruhigungstabletten, die ich mir
nachher in der Apotheke holen muss.

Man kann es vielleicht zwischen den Zeilen subtil he-
raushören: Ich war empört.

Aber obwohl die Deutsche Bahn meiner Vermutung
nach mit sehr vielen empörten Fahrgästen konfrontiert
sein muss, nahm sich Bahnmitarbeiter »tr« die Zeit,
sich weiterhin mit mir auszutauschen.

 Deutsche Bahn Personenverkehr

In welchem Zug sind Sie denn jetzt? Ich hoffe,
dass Sie noch rechtzeitig zu Ihrem Termin eintref-
fen. / tr

Da ich mit Kundenservice-Mitarbeitern normalerweise frustrierte Endfünfziger mit chronisch schlechter Laune und möglichst wenig Empathie für die Weltuntergangsstimmung der Bahnkunden verbinde, war ich zugegebenermaßen irgendetwas zwischen belustigt und erstaunt, dass »tr« sich so ausdauernd mit mir beschäftigte, und deswegen gerne bereit, das Gespräch aufrechtzuerhalten.

 Ariana Baborie

Ach zauberhaft, ja, lassen Sie uns ein bisschen chatten! Dann geht die Zeit schneller rum. Im ICE 849, geplante Ankunft in Berlin 16:25 Uhr. Was haben Sie heute noch so vor?

 Deutsche Bahn Personenverkehr

Der ICE soll mit derzeit +5 Minuten um 16:30 Uhr in Berlin Hbf ankommen. Dann müssen Sie nach Potsdam weiter? / tr

Noch eine Verspätung? Langsam hatte ich nicht mehr das Gefühl, in einem schlechten Hollywood-Film zu sitzen, sondern bei der Versteckten Kamera. Ich wartete nur noch darauf, dass Frank Elstner durch den Gang auf

mich zukam und mir einen großen Blumenstrauß ent-
gegenhielt, um sich für den schlechten Scherz zu ent-
schuldigen. Er kam aber nicht.

 Ariana Baborie

Ihr macht mich fertig … Ich wäre schneller, wenn
ich in Wolfsburg aussteige und von da nach Berlin
fliege, richtig?!? (Und ja, ich habe in meiner Rech-
nung berücksichtigt, dass Wolfsburg keinen Lini-
enflughafen hat.)

 Deutsche Bahn Personenverkehr

Mit Flugzeugen kenne ich mich nicht so aus. :-)
Aber der ICE 849 ist jetzt auch wieder pünktlich
unterwegs. / tr

Es war ein Wechselbad der Gefühle. Laura würde sagen:
Da waren mehrere Bäder, in denen waren unterschiedliche Gefühle drin, und zwischen denen wechselte ich
hin und her.

Sollte der ICE tatsächlich pünktlich in Berlin ankommen, gab es noch eine letzte Herausforderung: Ich
musste es innerhalb von dreißig Minuten von Berlin in
den Radiosender nach Potsdam schaffen.

Ariana Baborie

Das heißt, wenn ich den schnellsten Taxifahrer Berlins finde (ich weiß, »schnell« ist ein sehr dehnbarer Begriff), die Straßen ungewöhnlich leer sind und wir in Brandenburg keinen Wolf überfahren, könnte ich es schaffen und die 35 Euro Taxikosten könnten der einzige Wermutstropfen sein?

 Deutsche Bahn Personenverkehr

Das müsste dann aber auch ein Formel-1-Fahrer sein. Im Berufsverkehr werden Sie mit dem Zug schneller in Potsdam sein. / tr

Ich bekam eine mittelschwere Krise. Es war im Grunde unmöglich, es noch zu schaffen. Selbst mit einem zweiten Zug würde ich zehn Minuten zu spät kommen – und das Interview war live und konnte nicht verschoben werden ...

 Ariana Baborie

Aber das Interview ist um 17 Uhr – live. Wie schnell sind diese DB-Fahrräder?!

Das war das Ende meiner Kommunikation mit »tr«,
dann kam ich in Berlin an.

Ich weiß nicht, ob ich nach den Bundesjugendspielen
1998 noch mal so schnell gerannt bin wie an diesem Tag
und ja, meine Beine haben vor Nervosität dabei so sehr
gezittert, dass ich mich fragte, wie Usain Bolt es jemals
geschafft hatte, vor einem Millionenpublikum einen
Weltrekord im Sprinten aufzustellen. Toller Typ.

Raus aus dem Bahnhof, rüber zum Taxistand, rein ins
Taxi – nach Potsdam bitte zu Radio Eins. Während ich
versuchte, meine Atmung langsam wieder in den Griff
zu kriegen und nicht zu klingen wie eine Achtzigjährige
mit Kehlkopfkarzinom, erklärte ich dem Taxifahrer, wo
genau ich hinmusste und *wie* schnell. Da ich das Ganze
mittlerweile bei Instagram live dokumentierte, fieber-
ten unfassbar viele Leute mit, feuerten mich an, drück-
ten mir die Daumen und wünschten mir viel Glück. Es
müssen ungefähr so viele Leute gewesen sein wie Zu-
schauer bei Usain Bolts Weltrekord. Ungefähr.

Der Taxifahrer war wirklich nett und witzig und so versuchte ich, die Gunst der Stunde zu nutzen, und fragte
ihn vorsichtig, was denn für ihn als Taxifahrer in einem

Während Arianas
Odysee nach Berlin
bin ich übrigens
aus Mallorca nach
Tegel geflogen, mit
meiner Mutter nach
Parchim gefahren,
habe dort meine
Steuererklärung
gemacht und alle
Staffeln von Gilmore
Girls geguckt, bin
dann hundertsiebzig
Kilometer zu Fuß
zurück nach Berlin
gelaufen und habe
mich seelisch und
moralisch darauf
vorbereitet, dass ich
das Interview gleich
allein führen würde.

LAURA

wirklich dringenden Fall als Maximalgeschwindigkeit infrage kommen würde.

Er zuckte entschuldigend mit den Schultern. »Ist Stadt hier. Mehr als fünfundfünzig nicht erlaubt.«

Okay, wow – war ich gerade an den einzigen Taxifahrer der ganzen Welt geraten, der sich an innerörtliche Geschwindigkeitsbegrenzungen hielt? Hatte er schon mal was von der Busspur gehört? Ich lächelte freundlich in jede Ecke des Taxis, nur für den Fall, dass dort überall winzige Kameras angebracht waren und in irgendeinem Fernsehstudio gerade Kai Pflaume oder Guido Cantz vor einem riesigen Publikum stand und zu den Zuschauern sagte: »Ariana glaubt wirklich, das ist ein echter Taxifahrer! Haha, die wird sich gleich noch wundern ...«

Tatsächlich wunderte ich mich kein bisschen, als wir Potsdam näher kamen und auf einmal eine der Hauptverkehrsstraßen komplett gesperrt war wegen einer Baustelle. Es war einfach nur konsequent.

Langsam wurde auch der Taxifahrer unruhig. »Seit wann ist das?«, fragte er.

Aber wohl mehr sich selbst als mich, denn von mir konnte er keine Antwort erwarten. Ich saß halb in Em

102

bryonalstellung auf dem Beifahrersitz und guckte paralysiert nach draußen, wie ein Wildtier, das man gerade eingefangen hatte und das nun in den Zoo gefahren wurde.

Und dann gab es da diesen Moment. Diesen einen Moment, bei dem sich im Film der Himmel teilen würde, ein schlechter Effektdesigner hätte eine Art Goldregen aufs Bild gezaubert und im Hintergrund hätte man eine Harfe »Conquest of Paradise« von Vangelis spielen hören. Er fuhr über den menschenleeren Bürgersteig. Er fuhr einfach über den Bürgersteig, an der Baustelle vorbei, drei, vier Häuserblocks, und dann in die nächste Seitenstraße. Ich guckte ihn mit offenem Mund sprachlos an und bin mir ganz sicher, dass ich mich in Zeitlupe bewegte, als ich mich zu ihm drehte.

Der Rest ist Geschichte, ich sprang aus dem Taxi, hoch in den Sender, konnte es selbst nicht glauben, aber ja, stand tatsächlich und wortwörtlich in letzter Sekunde pünktlich im Studio.

Das könnte jetzt das großartige, sehr glückliche Ende der Geschichte sein. Und wenn mir zu dem Zeitpunkt jemand gesagt hätte, dass mein Tag erst in etwa zwölf Stunden enden würde, hätte ich ihm wahrscheinlich eine Modelleisenbahn an die Schläfe geschleudert.

Doch der Vollständigkeit halber und um den Wahnsinn zu unterstreichen, den dieser Tag mit sich trug, möchte ich sie so beenden: Nach dem Interview verabschiedeten Laura und ich uns am Bahnhof. Sie fuhr nach Hause in den Wedding, ich zum Flughafen Tegel, von wo aus ich zum nächsten Termin nach – Überraschung! – Köln fliegen würde. Dachte ich.

Ich glaube, die Mitarbeiter der Fluggesellschaft haben sich mit den Bahnmitarbeitern vom Bonner Hauptbahnhof zusammengetan, denn in Berlin-Tegel angekommen für den 20-Uhr-Flug, wartete schon die Anzeigetafel von Air Berlin auf mich. Die hatten einige Tage zuvor gemeldet, dass sie insolvent waren und bald den Flugbetrieb würden einstellen müssen. Auf der Tafel stand: »Flug auf unbestimmte Zeit verschoben.«

Zumindest brachte mir das Ganze ein bisschen Fame ein, denn die Berliner Zeitung berichtete ausführlich über meine Odyssee.

WARUM MAN MICH AUS DEM WELTALL SEHEN KANN, WENN ICH ALLEIN IM CAFÉ SITZE
.LAURA.

Wenn ich früher für die Schule lernen musste oder mal wieder meine emotionale Tagebuchphase hatte, in der ich dachte, ich müsste alles aufschreiben, was mich bewegt, habe ich mich hinter den Schuppen in unserem Garten gesetzt. Das klingt jetzt hollywoodmäßiger, als es war. In Wahrheit lagen da einfach nur verschimmelte Bretter und ich habe zwischen alten Paletten ganz dramatisch mein Tagebuch versteckt, weil ja auf keinen Fall jemand lesen durfte, wie missverstanden ich mich von meinen Eltern, Lehrern und generell der ganzen Welt fühlte. Ich glaube, es hat eigentlich niemanden interessiert, was ich da alle drei Monate mal reingeschrieben habe. Ich habe mich zu dieser Zeit definitiv für wichtiger gehalten, als ich war. Den Schuppen von damals gibt es nicht mehr und das peinliche Tagebuch hoffentlich auch nicht.

Wenn ich heute etwas schreiben muss, setze ich mich auf die Couch. Das Problem ist nur, wenn ich dort gedankenverloren den Blick durch die Wohnung schweifen lasse, dann sehe ich manchmal Dinge, die ich noch nie zuvor bemerkt habe. Zum Beispiel, dass meine Pullover an der Kleiderstange ja gar nicht nach Farben sortiert sind und ich in den zwei Jahren, die ich hier wohne, noch nie die Fenster sauber gemacht habe. Was soll ich euch sagen? Am Ende des Tages gucke ich Youtube-Videos darüber, wie man am schnellsten und effektivsten aufräumen kann und man seine Terminplaner so gestaltet, dass man nie den Überblick verliert. Ich weiß sogar, wie man DIY-mäßig ein Marmormuster auf seine Handyhülle zaubern kann. Weder ist dann meine Wohnung sauber, noch habe ich irgendwas geschrieben, was ja meine eigentliche Aufgabe gewesen wäre.

Ariana hat zu mir gesagt, ich soll mal versuchen, mich in ein Café zu setzen, um dort zu arbeiten. Sie meinte, da wird man nicht so schnell abgelenkt und schafft mehr. Ich fand die Idee total bescheuert. Sich allein in ein Café setzen? Das machen höchstens diese merkwürdigen Leute, die auch allein ins Kino gehen. Ich finde das ganz unangenehm und habe es trotzdem ausprobiert.

Ich habe mich für ein Café entschieden, an dessen Eingang ein Leuchtschild hängt, auf dem steht: Coffee. Work. Sleep. Repeat. Hat mich direkt angesprochen, die Message. Viel arbeiten, wenig Freizeit haben. Da muss ich hin. Nur mit der Einstellung werde ich erfolgreich. Das ziehe ich jetzt durch, auch wenn ich gar keinen Kaffee trinke.

Sich allein einen Platz in einem mittelvollen Café zu suchen, ist ungefähr genauso schlimm wie der erste Schultag als Neue, wenn du vor der ersten Stunde den Klassenraum betrittst, dich alle anstarren und du verzweifelt überlegst, wo du dich jetzt am besten hinsetzt.

Wirklich jeder in diesem »Wir schlafen nicht, sondern arbeiten nur«-Café hat mich angestarrt und ich war kurz davor, einfach wieder umzudrehen, aber dann dachte ich: Stop! Das ist lächerlich. Ariana würde jetzt so was sagen wie: »Das ist wie Sex. Beim ersten Mal kann das ein bisschen unangenehm werden und auch mal kurz wehtun und vielleicht sogar bluten, aber irgendwann fühlt es sich an wie das Normalste der Welt und wenn du Glück hast, macht es manchmal sogar Spaß.«

Ich habe also einmal tief durchgeatmet und bin zielstrebig auf einen ganz unbequem aussehenden Platz zugelaufen. Und Überraschung! Er sah nicht nur unbequem aus, er war es auch. Der Stuhl, auf dem ich saß, war wie ein Gitter, durch das mein Fett durchquoll. Hätte ich mich nackt ausgezogen, ich hätte kleine Quadrate auf dem Arsch gehabt. Hat mich aber nicht gestört. Ich war einfach nur froh, einen Platz zu haben. Mitten im Raum. Auf Gitter.

Es war ganz ruhig in dem Laden und alle waren superkonzentriert und fokussiert in ihrer »Nicht-schlafen-viel-arbeiten«-Welt. Und kennt ihr diese Leute, die megapenetrant und lange in ihrer Tasche wühlen und auf eine superätzende Art und Weise kramen und suchen? Diese Art von Mensch war ich, als ich versucht habe, meinen Laptop auszupacken. Ungefähr jeder im Café hat mich genervt angeguckt und manche haben sogar ein bisschen mit den Augen gerollt. Ich hab mich geschämt und mir erst mal vorgenommen, für die nächsten Minuten nicht mehr zu atmen, also habe ich einfach aus dem Fenster gestarrt. Direkt auf eine City-Toilette. Und ich habe mich gefragt, welche Personen außer Junkies auf dieses Klo gehen. Wie ausweglos muss die Situation untenrum sein, um fünfzig Cent rauszukramen und dort in den Schlitz zu stecken. Da geht dann automatisch eine Tür auf und auch wieder zu. Ich stelle mir das wie einen ganz gruseligen Fahrstuhl vor. Und male mir die schlimmsten Sachen aus, die hinter der automatischen Tür lauern. Sind da Ratten drin, die sich aus Tampons und Binden ein Nest gebaut haben? Und würde die Rattenfamilie da dann wohl friedlich sitzen bleiben und mich beim Pinkeln beobachten oder wären das so ganz große, aggressive Ratten, die mich während meines Geschäfts angreifen und zerfleischen würden? Kurz überlegte ich, ob die Rattenmutter eine Schürze trägt und am Herd steht, während der Rattenvater mit Bier in der Kralle vorm Fernseher sitzt und Fußball guckt. Und ob er dann wohl Menschen- oder Rattenfußball gucken würde, als eine unfassbar dünne Frau an meinen Tisch kommt. Noch niemals zuvor hatte ich eine so große dünne Person gesehen. Armreifen, die ich nicht mal über meine Handgelenke bekommen hätte, trug sie am Oberarm. Es war absurd. Noch absurder als ihr BMI war die Tatsache, dass sie von mir auf Englisch wissen wollte, was ich bestellen möchte. Ich überlegte also fieberhaft, welche englischen Wörter ich kannte und entschied mich für einen Orange Juice. Und im selben Moment war ich sehr stolz auf meine Wahl. Mit einem Orangensaft kann man nichts verkehrt machen. Das ist ein sympathisches Getränk, was mit mir auf Augenhöhe ist. Nicht ganz so primitiv wie Cola, aber auch nicht so pseudo-intellektuell wie ein Matcha-Tee. Während ich also erleichtert dachte, alles richtig gemacht zu haben, fing die dünne Kellnerin plötzlich an, mir etwas auf Englisch zu erklären. Und ich wurde ein bisschen aggressiv. Es ist eine

Sache, wenn Engländer und Amerikaner mit mir rede-
ten und ich nichts verstand, aber die Kellnerin mit dem
goldenen Reifen am Oberarm, den ich als Fingerring
hätte benutzen können, war offensichtlich Spanierin.
Und da stand sie also vor mir, mit ihrem dichten Pony,
guckte mich gelangweilt an und bei jedem s-Laut, den
sie sprach, lispelte sie. Alles, was sie sagte, war ein TH.
Alles! Ich verstand kein Wort und muss sie angeguckt
haben wie ein Mensch, der eigentlich eher Cola hätte
bestellen sollen, als sie plötzlich im soliden Deutsch erklärte, dass es unter der Woche keinen Orangensaft gab.
Ich kann bis heute nicht sagen, welche Tatsache mich
wütender macht. Dass eine Service-Mitarbeiterin mit
mir Englisch sprach, obwohl sie Deutsch konnte, oder
dass es nur am Wochenende Orangensaft gab.

Die englisch sprechende Spanierin empfahl mir also,
den Smoothie of the day zu bestellen. Und ohne zu
wissen, welche Zutaten sich darin verbargen, sagte ich:
»Klar! Nehm ich!«

Ich denke über das Wort Smoothie nach und mir fällt
kein Moment in meinem Leben ein, indem ich Smoothie
jemals unironisch gesagt habe. Es ist das blödeste Wort
der Welt. Es fühlt sich im Mund richtig schlecht an.
Unappetitlich fast. Nach etwas Unsympathischem,
was gar nicht schmecken kann. Ich beschließe gerade,
Smoothies in Zukunft »geschmeidiges Mixgetränk« zu
nennen, da kommt die lispelnde Spanierin wieder und
knallt mir ein Gurkenglas gefüllt mit brauner Plörre auf

den Tisch. Ich hole das Getränk zu mir heran und wieder gucken alle im Café mich an und manche stöhnen auch ein bisschen, weil das Glas zu laut geschabt hat.

Ich fühle mich plötzlich nicht mehr unsicher, sondern bin wütend und sauer auf alle, die immer nur stöhnen und sich gestört fühlen, und ich beschließe, Menschen im Allgemeinen von jetzt an ein bisschen zu hassen. Und mein Hass wird größer, als ich versuche, mein braunes, geschmeidiges Mixgetränk durch den Strohhalm zu ziehen. Geht nämlich nicht. Bleibt alles im Strohhalm stecken und macht mich so sauer, dass ich mich kneifen will. Und dann mache ich das, was Ariana immer sagt: »Wenn irgendwas kacke läuft, dann geh zu Google Earth und zoom dich und deinen Standort mal so lange raus, bis du die ganze Weltkugel siehst und guck dir an, was für ein kleiner Teil du und dein Problem vom großen Ganzen seid.« Und dann muss ich lachen, weil ich mich tatsächlich aus der Situation rauszoome und mich sehen kann, wie ich dasitze und irgendwas trinke, was ganz viele Stückchen hat, aber so tut, als wäre es ein geschmeidiges Getränk. Und dann sehe ich die Spanierin, die auch nicht besser Englisch spricht als ich, aber muss, weil ihre Chefin das so will, weil wir nämlich in Berlin sind und hier bitte schön alle Englisch reden und das ja wohl okay ist, wenn sie nicht mal den Mindestlohn zahlt. Außerdem sehe ich die anderen Leute im Café. Und von hier oben sieht man, dass die gar nicht arbeiten, sondern ein Transformation-Video von einer

Youtuberin gucken, die in einem Jahr fünfunddreißig Kilo abgenommen hat. Dabei müssten die Leute eigentlich eine Bachelorarbeit in Kunstgeschichte schreiben. Aber sie sind unmotiviert, weil ihnen jeder sagt, dass sie mit dem Studium eh keinen richtigen Job finden werden und darum lenken sie sich bei Youtube ab und sind genervt von Menschen, die in Taschen kramen und mit Einmachgläsern auf Tischen schaben, weil sie daran erinnert werden, dass sie eigentlich etwas Sinnvolles tun müssten.

Und als ich mich noch ein kleines bisschen mehr rauszoome, bin ich gar nicht mehr nur im Café, sondern auf der anderen Straßenseite und da sehe ich einen Mann, der nach fünfzig Cent in der Hosentasche kramt und in der City-Toilette verschwindet und da wird mir klar: Es könnte wirklich schlimmer sein, als allein im Café zu sitzen.

LAURAS RANDOM FACT:
WARUM WIR (FAST) ALLE FALSCHLIEGEN
MIT UNSEREM STERNZEICHEN

Ihr müsst jetzt sehr, sehr stark sein, Leute, denn höchstwahrscheinlich basiert euer ganzes Leben auf einer Lüge. Habt ihr Schlüsselanhänger, Socken oder Ketten mit eurem Sternzeichen darauf? Könnt ihr wegschmeißen, das Zeug, denn es ist ziemlich sicher, dass ihr ein ganz anderes Sternzeichen habt, als ihr eigentlich dachtet. Irgendwie hat nämlich niemand daran gedacht, den astrologischen Kalender zu aktualisieren, obwohl sich die Position der Erde in den letzten sechsundzwanzigtausend Jahren verändert hat. Ich wäre demzufolge gar nicht mehr Krebs, sondern Zwilling. Das erklärt auch, warum das in der Schule mit den Boys nicht geklappt hat. Sobald ich nämlich jemanden kennengelernt habe, musste ich zuerst einmal das Sternzeichen rauskriegen. Hat mein Lehrbuch der Astrologie gesagt, dass unsere Sternzeichen nicht zusammenpassen, dann konnte aus dem Typen und mir leider nichts werden. Jetzt wundert mich auch gar nicht mehr, warum mein Ex-Freund mich siebzehnmal betrogen hat.

WARUM ICH FÜR EINE SAHNE-SCHWEIGEPFLICHT BIN

.ARIANA.

Es gibt da diese schöne Analogie: Du kannst bei dir zu Hause in der Küche stehen, dich selbst nach deinem eigenen Namen fragen, mit »Anna« antworten, trotzdem Lisa auf den Becher schreiben, fragen, was du möchtest, antworten mit: »Einen koffeinfreien Soja

Matcha Latte Moccha mit Nonfat Milk, Coconut Flavour und Hazelnut Sirup«, danach einen stinknormalen Filterkaffee machen und fünf Euro verbrennen. Oder du kannst zu Starbucks gehen. Es ist das Gleiche.

Aber manchmal überkommt es mich eben doch und ich betrete mit so einer »Man gönnt sich ja sonst nichts«-Haltung eine der Starbucks-Filialen.

Es ist eigentlich sehr widersprüchlich, weil ich dabei ja Geld ausgebe, aber gerade *weil* ich für einen absolut durchschnittlichen Kaffee ein halbes Monatsgehalt hinlegen muss, komme ich mir dabei unfassbar reich vor. So, als würde ich über den Ku'damm in Berlin fahren und aus meinem Cabrio lachend Hunderteuroscheine in die Luft werfen. Man gönnt sich ja sonst nichts.

Und dann kommt dieser eine Moment. Diese eine Frage, die aus meinem fröhlichen Kaffeehausbesuch einen Spießrutenlauf der Neuzeit macht.

»Möchten Sie Sahne drauf?«

Frage an euch: Welcher Mensch antwortet, wenn er das gefragt wird, mit Ja?

Ich meine, welcher Mensch antwortet, wenn er das gefragt wird und definitiv Sahne haben möchte, mit Ja?

Ich persönlich möchte *immer* Sahne. Würde aber *niemals* »Ja« sagen.

Wer Sahne will, zeigt damit, dass er schwach ist. Wer Sahne will, nimmt auch Zucker zu sich. Wer Sahne will, achtet nicht auf seine Ernährung, der hat sein

Leben nicht im Griff, der kommt auch zu Hause rein und zack, werden in Jogginghose Chips auf dem Sofa gegessen.

Das ist für mich, als würde der Kellner im Restaurant fragen, ob ich nach dem Essen den Teller noch ablecken will.

»Ja!«

Man kann es aber auch nicht richtig machen! Wenn man nach Sahne gefragt wird und Ja sagt, denken sie: »Ach, Mopsi will also Sahne drauf, na das passt ja!«

Und wenn man Nein sagt, denken sie: »Ohhh, Fettilein macht wohl gerade Diät? Soll's dazu vielleicht noch ein Salat mit Hühnchen sein?«

Egal wie man es dreht und wendet, es ist eine menschenverachtende Frage. Und ich würde ehrlich gesagt gerne mal beim UN-Menschenrechtsrat oder gleich bei Amnesty International nachfragen, ob es überhaupt eine zulässige Frage ist.

Stattdessen sollte man so etwas wie ein Codewort einführen. Zum Beispiel »Kaffee Classic«. Dann wissen alle Beteiligten: Aahh, alles klar, Classic = Sahne. Aber man muss dieses verteufelte Wort nicht aussprechen, das mich sofort an Fernsehsendungen wie »The Biggest Loser« erinnert. Und der Loser bin in dem Fall immer ich.

Alleine, dass man diese Frage offen beantworten muss, erklärt sich mir überhaupt nicht. Ärzte dürfen ja schließlich auch nicht über ihre Patienten oder deren

Krankenakte reden, das ist privat und geheim und unterliegt der Schweigepflicht. Und das sollte auch für Sahne gelten, meine Meinung! Ja, es sollte eine Schweigepflicht für Sahne geben. Eine Sahne-Schweigepflicht.

Den absoluten Worst Case hat man übrigens erwischt, wenn der Mensch, der den Kaffee zubereitet, irre gut aussieht. Soll ja vorkommen. Das ist dann wirklich der Höhepunkt der Peinlichkeit.

»Hey, hallo, grüß dich, du bist hot und siehst umwerfend gut aus und ich, ich esse Sahne.« Wow.

Wenn er, in meinem Fall ein Typ, mir die Frage wenigstens zuflüstern würde, okay. Dann würde er sich zu mir nach vorne beugen und leise fragen, ob ich gerne Sahne möchte und ich könnte ihm zurückflüstern, ja bitte, gerne, und keiner sonst würde es mitkriegen und niemand würde es bemerken und die Welt wäre in Ordnung. Gut, ich müsste ihn danach töten. Ich müsste ihn nach seiner Schicht umbringen, weil er ja wüsste, dass ich Sahne haben wollte, aber ein bisschen Schwund ist ja immer.

Da ich aber ja Sahne will, ohne gleich ein Kapitalverbrechen zu begehen, ist jetzt die große Frage: Was ist meine Antwort, wie komme ich da ran, ohne mich strafbar zu machen?

Bei Männern ist das übrigens völlig egal. Die werden gefragt, ob sie Sahne wollen, und sagen: »Ja klar, hau druff. Gerne noch bisschen mehr!«, und es ist völlig unspektakulär, für alle Beteiligten. Bei Frauen nicht.

Und das wissen die Kaffee peoples. Das wissen die ganz genau.

Ich habe aber eine Lösung gefunden. Egal, nach welcher unwürdigen Zutat ich gefragt werde, deren Auswahl zeigt, dass ich mich nicht unter Kontrolle habe, egal ob Sirup, Zucker, normal fette Milch oder eben Sahne, meine Antwort ist: »Ein ganz kleines bisschen, bitte.«

Das klingt süß, das klingt vornehm zurückhaltend, das klingt nach einer niedlichen Französin, die mit einem winzigen Croissant und einem Kaffee den ganzen Tag kalorienmäßig über die Runden kommt.

So weit, so gut, aber es gibt ein Problem. Again. Ich glaube nämlich, es gibt da einen internationalen Code. Und der Code lautet: Wenn eine Frau gefragt wird, ob sie Sahne möchte, und sie sagt: »Ein bisschen«, dann heißt das: Ja.

Es heißt nicht »ein bisschen«, einfach ganz normal – ja. Denn wenn ich auf die Sahne-Frage antworte mit »ein bisschen«, bekomme ich eine ganz normale Portion. Überall. Jedes Mal. So ein richtig schöner, fußballgroßer Brocken Fett.

Und man verarscht sich ja selbst auch so schön. Und nimmt die fettarme Milch, sogar die 0,1-%-Fett-Milch, die so dünn ist, dass selbst reines Wasser mehr Kalorien hat, aber dann dazu Sahne!

Tja. Eine richtige Lösung habe ich noch nicht gefunden. Aber vielleicht sollte ich mal Lauras Trick ausprobieren. Wenn die nämlich im Café ist und gefragt wird, ob sie Sahne möchte, und das möchte sie immer, dann zögert sie kurz, als würde sie abwägen und überlegen, um dann zu sagen: »Ach, wissen Sie was? Heute, nur heute, ausnahmsweise mal ja!«

Es ist so einfach. Aber so genial. Es sagt: Heute ist cheat day. Es sagt, die anderen 364 Tage im Jahr habe ich mein Leben voll im Griff. Da trinke ich zwei Liter stilles Wasser am Tag, esse nach 17 Uhr nichts mehr und nehme ansonsten nur ayurvedisch ausbalancierte Quinoa Bowls zu mir. Aber heute, da gibt es mal eine kleine Ausnahme, da wird mal gelebt. Damit macht man sich auch sympathisch und nahbar, auf eine Art.

Einzige Herausforderung: Man muss jedes Mal in ein anderes Café, niemals zweimal in das gleiche. Sonst fliegt man auf.

Ist doch klar! »Everyday is cheat day« ist mein Lebensmotto.
Der Spruch klebt als Wandtattoo über meinem Sofa.
LAURA

WARUM ICH ZU JUNG FÜR MEIN ALTER BIN

.LAURA.

Jetzt, wo ich gerade diese Zeilen schreibe, bin ich noch neunundzwanzig Jahre alt. Neulich habe ich einen Brief von meiner Bank bekommen, mit dem Hinweis, dass ich ja bald dreißig werde und ich dann Kontoführungsgebühren zahlen muss. Mein Frauenarzt meinte, dass wir bald mal überlegen sollten, wann wir denn schwanger werden wollen. Richtig, er hat »wir« gesagt. Er meinte damit sich und mich. Schließlich käme ich jetzt in ein Alter, in dem Risikoschwangerschaften immer häufiger vorkommen könnten, und da müssten wir dann gemeinsam durch, er und ich.

Seitdem ich ein Serum benutze, das die Wimpern und Augenbrauen schneller wachsen lassen soll, habe ich gesehen, dass meine Brauen nicht nur blond sind, sondern ich da teilweise graue, lange Haare wegzupfen muss. Ich will es eigentlich nicht aussprechen, aber: Werde ich alt? Bin ich jetzt so richtig in echt erwachsen? Merke ich in mir drinnen nämlich gar nicht. Ich habe doch noch immer die gleichen Gefühle wie mit zwanzig. Das muss doch jemand aufhalten, bitte, dieses Älterwerden. Das fühlt sich für mich nicht richtig an und ich versuche mich davon auch aktiv fernzuhalten. Wenn ich den Klappentext eines Romans lese und da steht, dass die Protagonistin ein Kind hat, dann lege ich das Buch wieder weg. Damit kann ich nichts anfangen. Ich bekomme schlechte Laune, wenn ich mich mit einer Story befassen muss, in der jemand, der so alt ist wie ich, sich erwachsen verhält. Das macht mir Druck und gibt mir das Gefühl, dass ich alles falsch mache. Das geht mir mit Filmen genauso. Ich gucke mir doch nicht zwei Stunden lang an, wie Menschen mit Ende zwanzig eine Ehe führen und sich ein Haus kaufen. Was soll denn so was? Nicht, dass ich nicht heiraten will. Will ich auf jeden Fall. Aber wenn, dann so wie bei Twilight oder wie Dan und Serena von Gossip Girl. Ich bin eher Highschool-Laura und lese Bücher über schüchterne Mädchen, die ans College nach Boston gehen und den reichen, arroganten Bad Boy kennenlernen, der fies und gemein ist, weil er eine schlimme Vergangenheit hat. Und die beiden streiten sich die ganze Zeit und schreien sich auf dem Campus im Regen an, bis er sie plötzlich einfach küsst und die beiden eine sexy time miteinander haben und sich am Ende ineinander verlieben.

Wenn ich abends nicht einschlafen kann oder zwei Stunden mit dem ICE nach Hamburg unterwegs bin, dann setze ich mir Kopfhörer auf, höre den Soundtrack von American Pie und stelle mir vor, wie ich ein Semester an der Stanford University in Kalifornien stu-

Diesen Moment durfte ich mal erleben! Ich habe in den Sommerferien acht Kilo abgenommen, mir wurde die feste Zahnspange entfernt und ich habe mir schwarze Buffalos und weiße Capri-Jeans gekauft. Mit diesem neuen Ich bin ich dann in die Klasse geschritten und hab mich gefühlt wie die Queen. Neulich habe ich ein Foto davon gefunden und vor Schreck fast mein Gaumenzäpfchen verschluckt.

ARIANA

diere und auf Partys mit roten Bechern eingeladen bin. Neulich wurde ich dabei ganz traurig, weil mir klar wurde: Egal was ich tue, ich werde niemals in meinem Leben an ein College gehen können. Ich werde niemals zum Prom gehen und den Quarterback abschleppen. Weil ich nämlich dreißig Jahre alt bin und graue Augenbrauen habe. Aber wenn ich keine Promqueen mehr sein kann, kann ich dann wenigstens noch mal eine optische Transformation durchmachen und Leuten, die mich nicht mögen, mein neues Ich präsentieren? Das ist nämlich mein zweitliebster Tagtraum. Ich träume vom Summerbreak-Effekt! Wenn man schlank, braun gebrannt und mit beachigen Haaren am ersten Tag nach den Ferien an den Schließfächern vorbeigeht und fühlt, wie man von allen angestarrt wird, aber auf eine gute Art. So oberflächlich, wie das klingt, bin ich aber gar nicht, sonst wäre die Sache mit der Transformation nicht nur ein Traum, sondern Realität. Natürlich gibt es in meinem Leben wichtigere Sachen als Highschool-Lovestorys. Aber Vorgärten, Eheverträge und Affären mit zehn Jahre älteren Männern mit Vollbart gehören eben nicht dazu. Ich will niemanden küssen, der aussieht wie mein Vater. Ich will Zac Efron.

Eigentlich habe ich selbst kein Problem mit meinem Alter. Generell ist mir das Alter egal. Ich kenne Leute, die waren schon mit achtzehn genauso ätzend spießig wie heute mit achtundzwanzig. Und ich kenne Vierzigjährige, die immer noch die coolsten Menschen sind und es auch immer bleiben werden. Ich glaube, mit dem Alter ist es wie mit dem Zunehmen: Es sind immer die anderen, die dir einreden wollen, dass deine Zahl nicht stimmt. Leute, die dir sagen, dass du alt bist, kommentieren auch unter deinem Urlaubsfoto, ob du zugenommen hast. Und es sind zu hundert Prozent immer diejenigen, die mit sich selbst das größte Problem haben. Und wenn mir noch mal irgendjemand sagt, dass ich zu alt bin, um eine Choreografie von Beyoncé nachzutanzen und mir vorzustellen, ich würde auf einem Trapez ins Olympiastadion schweben und ein Konzert geben, dann sag ich nur eine Sache: Beyoncé ist siebenunddreißig Jahre alt und ihr Mann Jay Z sogar neunundvierzig. Und solange er auf der Bühne Hoodies trägt und sie daneben im Glitzer-Body twerkt und die beiden trotzdem noch die coolsten Menschen der Welt sind, kann ich ja wohl auch noch davon träumen, Promqueen zu werden.

ARIANAS SCHNAPSIDEE: INFUSED GIN

Der Shot klingt schon nach Hipster-Café, abgeschliffenen Weinkisten als Bücherregal und Longdrinks, die mit weißer Kreide auf schwarze Schiefertafeln geschrieben sind, mit der Letteringmethode, ist ja klar. Diesem Shot solltet ihr aber wirklich eine Chance geben. Das Tolle daran: Ihr könnt euch richtig austoben und wie Tine Wittler eurer Kreativität freien Lauf lassen. Es hat aber nichts mit Dekokissen oder Duftkerzen zu tun, sondern mit Tee. Ihr hängt einfach einen Beutel eurer Lieblingsteesorte in ein Glas Gin und lasst das über Nacht ziehen. Mein Favorit: schwarzer Earl-Grey-Tee, und wenn es durchgezogen ist, ein bisschen Zitrone dazu. Hmmm!

Ob sie jemals damit aufhört?

LAURA

Cheers my dear, tastes absolutely brilliant! (Bitte in britischem Akzent sprechen.)

WARUM ICH DEN PODCASTPREIS
ZUM KOTZEN FAND
.ARIANA.

Als Laura und ich mit unserem Podcast begonnen haben, standen wir vor Fragen wie »Mit welchem Programm kann man kostenlos wav-Dateien in mp3 umwandeln?«, »Wie viele F-Wörter darf man benutzen, bis man bei iTunes das Explicit-Zeichen bekommt?« und »Was bedeutet, eine Aufnahme ›pegeln‹?«.

Wir sind bei Pegel von Alkohol ausgegangen, deswegen pegeln wir unsere Stimmen bis heute mit Bier und Schnaps. Wenn man es sich so überlegt, ist es irgendwie absurd, dass wir für den Podcastpreis 2018 nominiert waren, aber genauso kam es. Wir waren unter den letzten dreien, der Gewinner sollte bei der großen Preisverleihung live auf der Bühne bekannt gegeben werden. Der Deutsche Podcastpreis – das klingt groß, glamourös, schillernd. Er fand in Essen statt.

Und mit Essen hatte er auf mehreren Ebenen zu tun, aber dazu komme ich später.

Wie es sich für zwei Stars der deutschen Podcastszene gehört, sind wir mit der Bahn angereist. Laura und ich sind sehr unterschiedlich, was die Organisation von Reisen betrifft. Eine von uns verlässt vorsichtshalber eine Stunde früher als notwendig das Haus, plant zusätzlich auch noch Zeit ein, um sich am Bahnhof oder Flughafen ein unverschämt überteuertes Brötchen zu kaufen oder schon mal nachzusehen, vor welchem Buchstaben am Gleis der ICE hält, damit wir ja nicht einen Meter zu weit rechts stehen – und die andere bin ich.

Am Tag der Verleihung des Podcastpreises hatte ich die Zeit eigentlich ganz gut im Griff, ich habe nur fünf Minuten später als geplant das Haus verlassen, habe nur einen Bus verpasst, bin nur zweimal die falsche Rolltreppe hoch, und schwups war ich im Fahrstuhl am Berliner Hauptbahnhof.

Wichtig auch, wenn man zu spät kommt: alle paar Sekunden der Blick auf die Uhr, um sich zu vergewissern, dass man auch WIKLICH knapp dran ist und es gerade WIRKLICH eng wird.

Glücklicherweise befanden sich im Fahrstuhl mit mir noch zwei andere Menschen, die offensichtlich den gleichen Zug bekommen wollten, außerdem haben sie sich angeregt darüber unterhalten, ob sie bei Buchstabe B oder C einsteigen müssen. Laura wäre das Herz aufgegangen.

Vorsichtshalber habe ich schon mal die Beine angewinkelt und stand in Cowboy-Gedenkpose im Fahrstuhl, nur für den Fall, dass wir abstürzen sollten, damit ich mir nicht alle Knochen brechen würde. Man sagt ja: Wo sich eine Tür schließt, da öffnet sich die nächste. Ich wüsste gerne mal, wo sich in der Nähe dann eine Tür geöffnet hat, denn unsere blieb definitiv verschlossen. Der Fahrstuhl ging nicht mehr auf. Und er hing auch noch zwischen zwei Stockwerken fest. Das ist ein gruseliger Anblick, der einem normalerweise erspart bleibt, weil sich das Ganze innerhalb der Fahrstuhlwände abspielt. Wir waren aber in einem gläsernen Fahrstuhl. Und konnten alles sehen. Ich kam mir vor, als würde ich gerade im OP-Saal von einem Chirurgen operiert und könnte mir bei meiner eigenen Operation zugucken.

Der einzige Vorteil eines gläsernen Fahrstuhls: Man hat Handyempfang, sodass ich Laura anrufen und ihr mitteilen konnte, dass es eine gute und eine schlechte Nachricht gab. Die gute: Ich sei schon ganz in der Nähe, da ich gerade ungefähr zehn Meter über ihrem Kopf schwebte. Die schlechte: Ich wüsste leider nicht, ob ich ihr noch einen einzigen Zentimeter näher kommen könnte.

Ich fühlte mich ein bisschen wie eine Prinzessin im gläsernen Turm eines verzauberten Schlosses, das einzige Problem war, dass dort unten mein Pferd stand und es in wenigen Minuten losgaloppieren würde, das konnte ich von meinem Turm aus auf der Anzeigetafel lesen. Gerade noch hörte ich, wie bei Laura im Hintergrund die Schaffnerin blökte: »Ja, dit kann ik aber ooch nich ändern, der Zug fährt los, wenner losfährt, wissense, wenn ik hier für jeden, der zu spät kommt ...« Da setzte sich der Fahrstuhl wieder abwärts in Bewegung und öffnete wie in Zeitlupe seine Tür.

In diesen Momenten habe ich immer das Gefühl, Ariana und ich hätten so Freaky-Friday-mäßig unsere Körper getauscht. Während ich normalerweise im Chaos versinke und manchmal in meinem Wäschekorb wichtige Dokumente für meine Steuererklärung wiederfinde, ist Ariana Head of Orgateam unserer Freundschaft und hat uns mit ihrem Listenwahn schon richtig oft den Arsch gerettet. Deswegen passt es überhaupt nicht ins Bild, dass ich 45 Minuten vor Zugabfahrt mit gezücktem Ticket am Gleis stehe und auf Ariana warte und fassungslos darüber bin, dass sie anruft und ernsthaft darum bittet zu fragen, ob der Zug nicht ein bisschen später losfahren könnte. Ich habe es Ariana nie gesagt, aber ich hätte fast angefangen zu heulen.

LAURA

Ich kam mir vor, als wäre ich in einem Computerspiel gefangen, bei dem es das Ziel war, so schnell wie möglich zu einem Zug zu rennen, der sich kurz vor der Abfahrt befand, und dessen Türen schon zum Schließen ansetzten.

In den Zug springen, ohne von den Türen berührt zu werden: 15 Punkte.

In den Zug springen und sich ein Körperteil oder zumindest den Koffer oder Jackenärmel in den sich schließenden Türen einklemmen: 5 Punkte.

In den Zug springen wollen, es aber nicht mehr schaffen: minus eine Million Punkte.

Ich sammelte 5 Punkte. Das war ausreichend für mich.

Gott sei Dank hatten wir Sitzplätze reserviert, sodass uns die nervenaufreibende Suche nach zwei freien Plätzen erspart blieb. An deren Ende hätten wir uns wahrscheinlich erfolglos ins Bordrestaurant gesetzt und alle dreißig Minuten etwas zu essen oder trinken bestellt, um uns damit eine Aufenthaltsgenehmigung in diesem Abteil zu erkaufen, uns damit in den finanziellen Ruin gestürzt und hätten in Essen direkt den Gang zum nächsten Finanzamt antreten müssen, um Privatinsolvenz anzumelden.

Da dies nicht der Fall war, standen die Chancen gut, dass mein Puls in der nächsten Viertelstunde wieder auf eine normale Frequenz sinken würde.

Ich sage mal so, der Puls sank, dafür erhob sich etwas anderes, und zwar ein flaues Gefühl in meiner Halsgegend, das andere Menschen vielleicht mit »Kotzreiz« bezeichnen würden. Wo es herkam, keine Ahnung.

Ich hatte bis zu diesem Zeitpunkt einen Smoothie getrunken, den ich noch schnell an einem ökologisch sehr wertvoll wirkenden Geschäft mit viel frischem Gewächs in der Auslage am Berliner Hauptbahnhof erworben hatte. Er bestand aus Spinat, Gurke, Grünkohl und Kiwi und schmeckte eigentlich ganz gut, auch wenn man das, den Ingredienzien nach zu urteilen, nicht erwarten würde. Je mehr sich jedoch die Übelkeit in mir ausbreitete, desto mehr hatte ich das Gefühl von Gras im Mund, und als ich endgültig meinte in eine Wiese zu beißen, schob ich ihn angewidert von mir weg. Laura begann, sich langsam Sorgen zu machen, denn normalerweise quatsche ich auf sie ein wie eine aufgezogene Spieluhr, die eine Laufzeit von sechs bis acht Stunden hat und nur aufhört zu reden, wenn man ihre Aufziehschnur kurz festhält, und ich hatte nicht mal eine. Jetzt aber saß ich nur schweigend auf meinem Platz, hatte den Kopf mit geschlossenen Augen gegen die Scheibe gelehnt und pustete in regelmäßigen Abständen laut hörbar Luft aus, als wäre ich im neunten Monat schwanger und würde gerade ein Klavier in den sechsten Stock eines fahrstuhllosen Altbaus tragen. Mir war kotzübel.

Und ich wusste wirklich nicht, was diese Übelkeit verursachte, ich hatte am Tag zuvor nichts Verdächtiges gegessen, weder zu viel noch zu wenig, ich war mit allergrößter Sicherheit ganz bestimmt nicht schwanger, es sei denn, mich hatte das gleiche Schicksal ereilt wie die heilige Maria, und ich hatte auch weder Grippe noch Magen-Darm-Virus. Ich behaupte bis heute, dass dieser Tag eins der größten, nie gelösten Rätsel der Menschheit ist.

Irgendwie überstand ich diese Bahnfahrt, schaffte es, aus dem Zug auszusteigen, ohne meinen Mageninhalt über dem Bahnhof zu verteilen, und beherrschte mich auf dem Fußweg zum Hotel mit samuraiähnlicher Konzentration, obwohl ich zehn- bis dreißigmal das Wort »ESSEN« lesen musste.

> Ich hatte mir für dieses Event extra neue Extensions eingesetzt, weil ich mit Ariana nach der Verleihung richtig steil gehen wollte in Essen.
>
> LAURA

Im Hotel angekommen bestellte ich an der Hotelbar das, was man an einer Bar für gewöhnlich so ordert: eine extragroße Tasse Kamillentee.

Während ich darauf wartete, dass der Tee auf eine trinkbare Temperatur sank, wand ich mich in unserem Hotelbett gequält von einer Seite zur anderen. Ja, in *unserem* Hotelbett, Laura und ich teilten uns das Zimmer. Meine Kraft reichte in diesem Moment nicht aus, darüber nachzudenken, was ich gemacht hätte, wäre es andersrum gewesen, wäre Laura diejenige gewesen, die gerade so kurz vor dem Übergeben stand wie Johnny Knoxville in »Jackass«, als er abrasierte Kopfhaare mit Butter vermengt essen musste. Denn im Gegensatz zu Laura, die erstaunlich gut damit zurechtkam, dass ich neben ihr zuckte wie ein angeschossenes Robbenbaby auf einer Eisscholle und Würgegeräusche unterdrückte, hätte ich längst die Flucht ergriffen. Weil ich die größte Kotzphobie der ganzen Welt habe. Okay, das muss ich wieder zurücknehmen; nachdem ich das mal im Podcast erzählt habe, haben sich bei mir Hörer gemeldet, die eine so große Emetophobie haben (das Fachwort dafür), dass sie nicht mehr in den Urlaub fliegen, Menschenmengen meiden und manchmal tagelang zu Hause bleiben. Alles aus Angst, plötzlich und unvorbereitet neben jemandem zu stehen, zu sitzen oder liegen, der sich übergeben muss. Einige ernähren sich sogar nur noch von Äpfeln, Reiswaffeln und Wasser, um sich nicht der Gefahr auszusetzen, durch verdorbene oder ungewohnte Lebensmittel Erbrechen zu provozieren. So weit ist es bei mir zugegebenermaßen nicht. Aber es ist auf der Skala von »nicht schlimm« bis »Erde knallt mit Mond zusammen« schon sehr weit oben, also das eigene Übergeben, eine andere Person dabei zu sehen ist deutlich höher angesiedelt.

Über dieses umgekehrte Szenario und darüber, dass ich irgendwie ja sogar noch Glück hatte, konnte ich aber erst viel später nachdenken – in dem Moment gab es für mich keinen anderen Gedanken als »Nicht! Kotzen!«.

Als ich den warmen Tee getrunken hatte, wurde es besser.

Dachte ich. Aber keine zehn Minuten später kam die Übelkeit wieder, und sie war schlimmer als zuvor. Als hätte sie Anlauf genommen. Als wäre dieses verdammte Miststück einen Schritt zurückgetreten, um jetzt einen großen Satz auf mich zuzumachen.

Jede Bewegung verlangte von mir eine unglaublich hohe Konzentration. Hätte ich mich damals in der Schule im Physikunterricht so sehr konzentriert wie jetzt gerade, mein Lehrer wäre begeistert gewesen. Für viele Menschen ist in so einer Situation, in der man wirklich glaubt, jede Minute umzukommen vor lauter Übelkeit, das Übergeben eine richtige Erlösung. Ich habe eine Freundin, die hat sich auf einer Party mal von ihrer eigenen Schwester den Finger in den Hals stecken lassen, um sich auf diese Weise von der Übelkeit zu befreien. Kurz danach hat sie ihrer Schwester über die Hand gebrochen. In eine Salatschüssel. Wow.

Diese Methode ist für mich so wie eine Jogginghose

für Karl Lagerfeld: einfach keine Option. Niemals. Unter keinen Umständen.

Lieber erleide ich stundenlang die größten Qualen, körperlich wie psychisch, behalte dafür aber meinen Mageninhalt und auch meine Würde in mir, als dem mich schüttelnden Würgereflexen nachzugeben und mein Innerstes nach außen zu kehren.

Da ich Angst hatte, die schaukelnden Bewegungen eines Taxis könnten sich auf dieses Vorhaben kontraproduktiv auswirken, liefen Laura und ich zu Fuß zur Austragungsstätte des Podcastpreises in der Essener Innenstadt. Langsam. Sehr, sehr langsam. Am liebsten wäre ich im Bett liegen geblieben, hätte Abschiedsbriefe an meine Familie und Freunde geschrieben und mein Testament aufgesetzt. Aber es half ja nichts.

Während Laura auf dem Weg bei jeder Apotheke, an der wir vorbeigelaufen waren, ein Zeichen gegeben und »Apotheke, falls du möchtest« gesagt hatte, was ich keuchend verneinte, merkte ich, kurz vor Erreichen unseres Ziels, dass ich das ohne Hilfe nun doch nicht überstehen würde. Also bog ich beim letzten Apothekenzeichen spontan links ab und stellte mit Erschrecken fest, dass die Apotheke sich in einem Einkaufszentrum befand, am Ende des sogenannten Food Courts, durch den wir gerade liefen.

Der Food Court bezeichnet einen kreisförmig angelegten Bereich in Einkaufszentren, in dem sich so kulinarische Feinschmeckergeschäfte aneinanderreihen wie

»Heiko's Hühnerhaus«, »Wan Tan Paradies« oder »Die Kartoffeloma«.

Zu meinem Entsetzen gab es in diesem Center auch noch so etwas wie »Wurst & Würstchen«, denn uns schlug ohne Vorwarnung der triefende Geruch von in Fett ausgebackener Schweinehaut entgegen, der meinem Vorhaben, dem Würgereiz nicht nachzugeben, nun wirklich gar nicht entgegenkam. Ich presste mir den Jackenärmel vor Mund und Nase. Langsam wurde auch Laura schlecht.

In der Apotheke fragte ich schwer schluckend nach Anti-Übelkeits-Tabletten, bekam eine Packung rosafarbener Pillen und trat mit Laura die letzten Meter unseres Weges an. Ich fühlte mich wie in Herr der Ringe, kriechend auf dem Weg nach Mittelerde durch eine furchtbare Schlacht, die viele Opfer forderte. Die Schlacht fand in meinem Magen statt.

In meinem Kopf spielte dazu majestätische, dramatische Orchestermusik. Doch das Einzige, was ich wirklich hörte, war »Dust in the wind« auf der Blockflöte, irgendwo in der Fußgängerzone. Begleitet von einem Kinderxylophon.

Gefühlte Jahre, tatsächliche Minuten später, waren wir da. Viel zu spät, natürlich.

Leise und vorsichtig öffnete Laura die Tür des Saals, in dem die Verleihung stattfand. In unserer Vorstellung hätten wir uns reingeschlichen, unbemerkt irgendwo am Rand im Halbdunkeln gestanden, eine zufällige Person neben uns flüsternd gefragt, wer denn nun gewonnen hätte, und uns fünf Minuten später wieder auf den Weg ins Hotel begeben, wo ich mich ins Bett legen und vor meinem inneren Auge Hundewelpen und Katzenbabys auf grünen Wiesen visualisieren könnte, um mich von der Übelkeit abzulenken.

Es kam anders. Ganz anders.

Laura öffnete langsam die Tür, wir sahen in den Saal, alle Augen waren auf uns gerichtet. Laura schloss die Tür genauso langsam wieder. Kurz bevor sie mit einem Klicken ins Schloss fiel, eine Stimme. Torsten, der Initiator und Moderator des Preises, brüllte ins Mikrofon: »Da sind sie ja, endlich! Herrengedeck! Laura und Ariana! *Applaus!*«

Es folgte: Applaus.

Torsten: »Laura und Ariana! Herrengedeck! Hier! *Auf der Bühne!*«

Wie paralysiert, wie Aliens, die mit starrem Blick dem Schein ihres Ufos folgen und langsam in den Lichtkegel treten, gingen wir auf die Bühne. In Mantel. Und Schal. Beide.

Ich schaffte es gerade noch, mir die Anti-Kotz-Tablette in den Mund zu stecken und mit einem Schluck Wasser die Speiseröhre hinunter in meinen Magen zu befördern, ohne dass sie auf direktem Wege wieder nach oben kam, da drückte Torsten uns auch schon das Mikro in die Hand. Der Saal guckte uns gespannt an.

Was würden Laura und Ariana sagen? Wie würden sie reagieren? Was würden ihre Worte sein?

»Hallo«, sagte Laura.

»Herrengedeeeeeeeeeck!«, rief Torsten. Vereinzelter Applaus. Irgendwie guckten die Leute uns so an, wie sich mein Magen gerade anfühlte. Das hatten die sich sicherlich anders vorgestellt. Wir auch.

Ich lächelte gequält und während ich versuchte, mich nicht zu übergeben, wurde dafür Laura etwas übergeben, und zwar ein Betonblock mit einem eingegossenen Mikrofonsymbol, der Podcastpreis. Wir hatten ihn gewonnen. Platz eins.

Wie durch einen verschleierten Nebel bekam ich gerade noch mit, dass Torsten seine große Freude über unser Erscheinen zum Ausdruck brachte, jaja, etwas spät, aber wir seien wenigstens da, während Olli Schulz und Jan Böhmermann es ja nicht zur Verleihung geschafft hätten, Böhmermann läge wohl krank im Bett. Wie sehr ich ihn beneidete.

Noch mal Applaus, Pressefotos, uns wurde ein riesiger Flachbildschirm als Preis überreicht, neben uns Torsten Sträter mit seiner Wollmütze, andere Podcaster klopften uns auf die Schulter, ich hielt mir die Hand vor den Mund. Taxi. Wir mussten mit unserem schnellen Abgang wahnsinnig arrogant und divenhaft gewirkt haben. Nur konnte ich mich mit dieser Sorge gerade nicht befassen, da meine größere Sorge war, ob ich es schaffte, meine Körpersäfte in mir zu behalten.

Die Fahrt zum Hotel dauerte weniger als fünfzehn Minuten. Laura hatte unseren Preis auf dem Schoß. Ich fragte den Taxifahrer alle zwei Minuten, ob es noch lange dauern würde, so wie ich früher meinen Vater bei den Autofahrten nach Österreich alle halbe Stunde gefragt hatte, ob wir denn jetzt bald da wären. Das erste Mal, kurz nachdem wir den Parkplatz in unserer Straße verlassen hatten.

An jeder roten Ampel übte ich in Gedanken den Bewegungsablauf, die Tür schnell aufzureißen, die Rückhaltefunktion des Sicherheitsgurtes zu umgehen und mich weit aus dem Wagen herauszubeugen, um mich auf die Straße zu entleeren, ohne dabei die ordentlich gepflegten Sitzbezüge des Taxifahrers zu bespritzen. Er sah nicht so aus, als würde er das witzig finden oder dafür Verständnis haben. Ich fühlte mich, als wäre es jede Sekunde so weit.

Zurück im Hotelzimmer legte ich mich mit der Decke auf den Boden des Zimmers, direkt vor der Fensterfront, wo ich eines der Fenster einen Spaltweit geöffnet hatte. So wehte mir in meinem völlig desolaten Zustand wenigstens ein bisschen frische Luft entgegen. Erst hatte ich das Gefühl, das half mir. Dann hatte ich plötzlich das Gefühl, mir wurde noch schlechter davon. Kann Luft *zu* frisch sein?

Laura gab zu bedenken, dass es ja keine *wirklich* frische Luft sei, durch die Abgase der Autos in den Straßen und den Smog der Stadt, nur für Stadtverhältnisse frisch eben, also zumindest frischer als Zimmerluft. Ich wünschte, es wäre Lachgas gewesen, das mich einfach eingeschläfert hätte.

Immer wenn ich die Augen gerade ein klein wenig geschlossen hatte, weil die Müdigkeit mich übermannte, bzw. überfraute, rollte erneut eine Welle der Übelkeit über mich. Als würde sie merken, dass ich einschlief, und mich davon abhalten wollen. Was für eine hinterlistige Bitch. Als wäre sie eine der Hauptdarstellerinnen aus Gossip Girl, in Form von Übelkeit.

So ging das stundenlang, mittlerweile lehnte ich im Sitzen an der Wand im Zimmerflur, weil die Seitenlage mir auf den Bauch drückte, was es noch schlimmer machte. All mein Respekt galt in diesem Moment jeder Frau, die schon mal ein Kind auf die Welt hatte bringen müssen. Außer der heiligen Maria. Mit der war irgendwas faul.

So saß ich da mit geschlossenen Augen, qualvoll ein- und ausatmend, als hätte ich es in einem Geburtsvorbereitungskurs gelernt, und immer wenn ich kurz davor war, in den erlösenden Schlaf zu fallen, erinnerte mich mein Körper mit einem gezielten Druck in der Kehle wieder daran, wie es mir eigentlich gerade ging. Nämlich furchtbar. Und dann passierte es.

Während ich übrigens mit offenen Augen im dunklen Hotelzimmer lag und Ariana schluchzend in Embryonalstellung auf dem Boden kauerte, hab ich immer wieder überlegt, ob ich körperlich dazu in der Lage wäre, sie zu fesseln, um ihr dann meinen Finger in den Hals zu stecken!

LAURA

136

Ich möchte nicht allzu sehr ins Detail gehen und sage es einfach mal so: Mein an die Serie How I met your mother angelehnter Leitsatz ›Speifrei seit eins drei‹, weil ich seit 2013 erfolgreich das Übergeben hatte abwenden können, gehörte schlagartig der Vergangenheit an.

Und so ungern ich es tat, als ich das Bad wieder verließ, um endlich und todmüde ins Bett zu kriechen, musste ich zugeben, dass ich mich richtig erlöst fühlte und es mir erheblich besser ging.

Laura war natürlich wach geworden und sagte mütterlich: »Nimm mir das jetzt nicht übel, aber ich habe es dir so gewünscht! Ich wusste, danach wird es dir besser gehen!«

Dem musste ich leider zustimmen. Erleichtert zog ich die Decke über mich und atmete tief durch. Dunkelheit, Nacht. Stille.

»Ari?«, fragte Laura in die Stille hinein.

»Hm?«

»Eine Frage hab ich noch.«

Ihre Decke raschelte, als sie sich zu mir umdrehte.

»Da lief doch irgendwas im Bad, als du da gerade drin warst.«

»Hmm.«

»Was war das?«

»Na ja«, sagte ich. »Als ich gemerkt hab, dass es jetzt passiert und ich da nicht mehr drum herumkomme, hab ich mein Handy geholt und Niki Minaj laut angemacht. Ich wollte so wenig wie möglich davon mitbekommen. Und Niki, das ist für mich ne knallharte Braut, weißt du. ›Shoutout to my haters‹, ›All these bitches‹, ›You gotta be a beast‹ – so was rappt die! Das ballert die einfach raus. Bäm bäm bäm. Und 'n fetter Beat dazu. Das wird mich motivieren, hab ich gedacht. Wie vor einem Boxkampf. Hat geklappt! Sie hat von Twerken gerappt und ich hab mich übergeben. Ich hab mich voll mächtig gefühlt dabei!«

Stille.

»Wow, Ari.«

Dann sind wir eingeschlafen.

WARUM ICH NIEMALS MEHR SINGLE SEIN DARF

.LAURA.

Es gibt in meinem Leben wenige Ziele, die ich erreicht habe. Ich kann immer noch nicht fließend Englisch sprechen. Ich wiege immer noch keine sechzig Kilo und kann im Sommer eine kurze Hose tragen und ich hab es auch nach dreißig Jahren immer noch nicht ins Fernsehen geschafft. Aber eine Sache lässt mich aufatmen. Eine Sache lässt mich nachts gut einschlafen und beruhigt meine Seele. Und zwar erleichtert es mich ungemein, dass ich eine Beziehung habe und dass mein

Freund gesagt hat, dass wir das ruhig für immer so machen können miteinander. Meine To-Do-Liste des Lebens ist meterlang, aber wenigstens hinter dem Punkt Partnerschaft kann ich zum Glück einen Haken setzen und das ist gut so, denn neben solchen Sachen wie Ausdauersport, Kopfrechnen oder die Zeigeruhr lesen bin ich in einem Bereich ganz besonders schlecht und dieser Bereich heißt Männer kennenlernen und flirten.

Solange ich denken kann, habe ich ganz merkwürdige Aktionen unternommen, wenn ich verknallt war. In der Schule gab es früher für jedes Fach einen anderen Raum und an der Tür hing ein Plan, welche Klasse wann in diesem Raum Unterricht hat. Also bin ich jeden einzelnen Raum abgelaufen und habe mir aufgeschrieben, wann mein Schwarm (nennen wir ihn Enrique, weil er so aussah wie Enrique Iglesias) wo Unterricht hat, sodass ich mir irgendwann seinen gesamten Stundenplan zusammenrecherchiert hatte und immer wusste, an welchem Ort in der Schule ich zufällig auftauchen musste, um in der Nähe von Enrique zu sein. Und da stand ich dann mit einer Einwegkamera und habe ihn heimlich fotografiert. Mit Blitz. Klingt creepy, aber ich brauchte ein Foto, um den Liebeszauber aus der Bravo Girl nachzuzaubern. Eigentlich hätte ich auch eine Haarsträhne von ihm gebraucht, habe aber einfach eine leere Wasserflasche aus dem Mülleimer geholt, aus der er vorher getrunken hatte. Vielleicht war das der Grund, warum der Zauber nicht funktioniert hat. Von da an habe ich allerdings nur noch aus dieser Wasserflasche getrunken und mir eingeredet, dass es ja beinahe so wäre, als würden Enrique und ich uns küssen.

In der Bravo Girl stand aber auch, dass man Gemeinsamkeiten zwischen sich und seinem Schwarm finden soll. Nachdem jetzt also auch auf meinem Rucksack ganz groß das Wort NIRVANA stand und Enrique mich immer noch nicht wahrgenommen hat, wurde mir klar, dass ich mich auffälliger verhalten musste. Als Enrique also eines Tages mit einem Verband um die Hand zur Schule kam, wusste ich sofort, was zu tun ist: Ich musste natürlich auch einen Verband tragen. Also kam ich am nächsten Tag mit einem »verstauchten« Handgelenk zur Schule. Spätestens jetzt hätte Enrique eigentlich merken müssen, wie viel wir gemeinsam haben. Dass wir für immer zusammen gehören. So will es schließlich auch die Bravo Girl. Aber nichts ist passiert. Also entschied ich mich für die letzte logische Aktion. Ich musste bei ihm zu Hause anrufen, um an seine Handynummer zu kommen. Seinen Nachnamen kannte ich ja schon: Iglesias. Und was hatte ich bitte für ein Glück, Anfang der 2000er in der Pubertät gewesen zu sein. Denn damals stand noch jede Familie im Telefonbuch, auch Familie Iglesias. Und weil ich von der Bravo zur professionellen Stalkerin ausgebildet wurde, wusste ich, dass Enrique immer mittwochs Fußballtraining hatte, konnte also bei seinen Eltern anrufen, ohne dass er zu Hause war. Ich gab mich als seine Klassenkameradin aus, die ganz dringend eine Info zum Referat am nächsten Tag brauchte, und zack, hatte ich die Nummer am Start. Ich musste zwar noch drei Wochen auf eine neue Handykarte warten, aber dann kam endlich der Tag, an dem ich ihm eine SMS schreiben konnte und die sollte es in sich haben: *Hi wie gehts?*, schrieb ich Enrique und wie im besten Highschool-Film aller Zeiten schrieb er mir sofort zurück: *Hi bist du die aus der 9?* Ich habe geweint vor Glück. Ich war aus der 9. Er hatte mich doch bemerkt. Sofort ging mein Kopfkino los. Ich sah, wie er auf mich am Vertretungsplan wartete und mich vor allen Leuten küsste. Ich sah, wie ich durch seine braunen Locken wuscheln durfte. Ich sah, wie er mir seinen großen Nirvana-Pulli schenkte, der nach ihm roch. Ich war die glücklichste Person auf der Welt und schrieb ihm sofort was total Cooles zurück: *»Ja bin ich. Und du aus der 11 ne?«* Ich konnte das Warten auf eine Antwort nicht ertragen und stellte das Handy auf stumm, versteckte es unter meinem Kopfkissen und zwang mich, erst nach dreißig Minuten wieder aufs Display zu gucken. Und siehe da, da war er, der kleine Brief, der bedeutete, dass Enrique mir geantwortet hatte: *»Jap. Du heißt doch Theresa oder?«* In dem Moment fiel alles über mir zusammen. Ich wusste, dass er die braunhaarige Theresa aus meiner Parallelklasse meinte und nicht mich, die blondhaarige Laura. Ich tat mir selbst unglaublich leid und beobachtete mich beim Weinen im Spiegel. Nachdem ich mich einigermaßen beruhigt hatte, färbte ich mir die Haare noch am selben Abend schokobraun. Meine beste Freundin fragte mich am nächsten Tag in der Schule, warum ich mir die Haare grün gefärbt hätte. Ich wusste also, dass ich kacke aussah. Enrique wusste noch immer nicht, dass ich existierte, und so wurde aus September Oktober, bis Enrique eines Tages vor der Schule Flyer für die Halloweenparty in Parchim verteilte. Ich wusste sofort, das wird mein Moment. Ich werde mir so einen Flyer nehmen. Unsere Hände werden sich dabei berühren und dann schauen wir uns dabei tief in die Augen und dann wird er endlich fühlen, was ich schon das letzte halbe Jahr gefühlt hatte. Die Realität sah ein bisschen anders aus, denn während er die Flyer verteilte, saß ich auf dem Fahrrad und wollte im Fahren auf eine coole Art nach dem Stück Papier greifen. Erst da wurde mir klar, dass ich nicht in der Lage war, freihändig Fahrrad zu fahren, und ich verlor so sehr das Gleichgewicht, dass ich stürzte und mich nicht nur vor meinem Schwarm, sondern vor der gesamten Schule überschlug. Da lag ich also mit meinem schweren 4you-Rucksack und kam nicht mehr hoch. Falls ihr euch fragt, ob Enrique mir ritterlich hochgeholfen hat und wir danach ein Paar wurden: Nein. Er hat gelacht. Laut, schallend und gemein. Ich habe auch gelacht und so getan, als wäre nichts Schlimmes passiert. In Wahrheit musste ich mich zu Hause mit Jeans in die Badewanne legen, damit die Hose sich von meiner verkrusteten Wunde am Knie löste. Ich habe sechs Stunden am Stück geweint und war eine Woche krank. Als ich wieder in der Schule war, sah ich Enrique Händchen haltend mit Theresa aus der 9a. Sie trug seinen Nirvana-Pullover und ich trug einen echten Verband am Handgelenk.

WARUM ORGANISIERTE VERBRECHEN UNSER GRÖSSTES GLÜCK SIND

.ARIANA.

Ich habe keine Ahnung, welcher Gott einst festgelegt hat, dass manche Berufsgruppen auf Menschen besonders attraktiv wirken und andere eher weniger. Aber ich würde mal behaupten: Der Stadtreinigung hat er ziemlich wenig Potenzial zugesprochen, der Polizei dafür umso mehr. In meinen Augen natürlich vorwiegend männlichen Polizisten, da entspreche ich ganz dem Klischee. Aber ich bin auch kurzsichtig, von daher sehr leicht zu begeistern.

Es fällt mir schwer, zu beschreiben, was genau mich am Berufsbild des Polizisten so fasziniert, weil es so vieles ist, dass ich mich nicht entscheiden kann. Es fängt schon alleine bei der Art an, wie Polizisten sich fortbewegen. Ist euch mal aufgefallen, mit welch langsamen,

fließenden Bewegungen sie vorwärtsglei-
ten? Man könnte es natürlich als faul bezeichnen, ich jedoch sehe etwas Herrsche-
risches darin.

Schon alleine, wie sie aus dem Streifenwagen steigen, hat etwas so Selbstsicheres,
Autoritäres, ja beinahe Majestätisches. Sie
wissen ganz genau: »Mir kann keiner was.
Ich bin hier der Chef auf dem Platz. Wenn
mir einer blöd kommt, hole ich den Straf-
zettelblock aus dem Handschuhfach. Oder
mache mal kurz das Blaulicht an, das wirkt
einschüchternd. Und ist laut. Sehr laut.«

Wenn sie nicht gerade einem flüchtigen
Schwerverbrecher nachjagen, laufen sie
auch im Allgemeinen sehr langsam. Beob-
achtend. Wie Panther. Sie sind anmutige
Raubkatzen im Großstadtdschungel, mit
einer kleinen Mütze auf dem Kopf. Das
Einzige, was in meinen Augen ihre hoheits-
volle Ausstrahlung ein wenig trübt, ist die Tatsache, dass
viele Polizisten im Opel Corsa Streife fahren. Der ist so
was wie das kleine, lustige Comic-Schweinchen unter
den Autos.

Zu meinen Lieblingsbeschäftigungen zählt, durch den
Twitter-Account der Berliner Polizei zu scrollen. Ich
finde, das liegt nahe, ist ein bisschen so, als würde man
sich die Liebesbriefe des Angebeteten durchlesen. Gut, es

sind Liebesbriefe, die an jemand anderen gerichtet sind als an mich, nämlich an alle, aber da will ich mal nicht so streng sein. Eine Sache ist mir jedoch aufgefallen und sie irritiert mich. In den Twitter-Meldungen der Polizei ist häufig von »organisiertem Verbrechen« die Rede.

»Kriminelle arabische Familien beherrschen den Großteil des *organisierten Verbrechens*.«

»Mit 170 Festnahmen in der Mafia-Szene ist der Polizei ein großer Schlag im Kampf gegen das *organisierte Verbrechen* gelungen.«

»Die Rockerclubs zählen mit Hunderten Mitgliedern zum Zweig des *organisierten Verbrechens*.«

Natürlich freue ich mich jedes Mal, wenn die Jungs von der Polizei einen Erfolg in ihrer tapferen Schlacht gegen das Böse verzeichnen können. Meine Jungs! Aber was für ein merkwürdiger Begriff ist denn »organisiertes Verbrechen«? Das klingt wie »ordentliche Allgemeinmedizinerin« oder »strukturierter Baustellenleiter«. Neulich habe ich zum ersten Mal länger über diese Kuriosität nachgedacht. Und mich gefragt, wie es wohl aussehen würde, wenn kriminelle Clans sich mit unorganisiertem Verbrechen einen Namen machten.

»Bundesregierung fordert neue Konzepte im Kampf gegen das unorganisierte Verbrechen.«

»Spektakuläre Massenfestnahmen im Milieu des unorganisierten Verbrechens.«

»Polizei vereitelt Banküberfall unorganisierter Verbrecher.«

Unorganisierte Verbrecher. Alles würde damit beginnen, dass die vier Kriminellen, die trotz ihres fortgeschrittenen Alters in einer nicht gemeldeten WG leben – da ihnen aufgrund ihrer überdurchschnittlich negativen Schufa-Einträge kein Vermieter jemals einen eigenen Mietvertrag anbieten würde – am Tag des geplanten Banküberfalls verschlafen.

»Micha! Micha, du Vollidiot, mach die Glubscher auf, es ist schon elf!«

Micha und Sven, zwei Mittdreißiger, liegen nebeneinander im Hochbett, unter ihnen André und Karsten, mit K, nicht mit C, darauf legt er besonders viel Wert.

Eigentlich heißen die vier Julian, Nico, Simon und Felix, das klingt ihrer Meinung nach aber nicht genug nach deutschen Verbrechernamen, weswegen sie sich für Künstlernamen im Rahmen ihrer kriminellen Aktivität entschieden haben. Ihrer unorganisierten kriminellen Aktivität. Denn sie sind unorganisierte Verbrecher. Sie haben sich ebenfalls dazu entschieden, an diesem heutigen Freitag die Sparkasse in einem abgelegenen Außenbezirk zu überfallen, um sich mit dem erbeuteten Geld an die Ostsee abzusetzen. Eigentlich war geplant, nach Brasilien zu flüchten, André hatte jedoch sehr unorganisiert nicht nach Brasilien in Südamerika gebucht, sondern Brasilien, der neunzehn Einwohner großen Gemeinde in Schleswig-Holstein. Dass bei der Buchung angezeigt wurde, dass die Fahrt mit den öffentlichen Verkehrsmitteln Bus und Bahn zurückgelegt werden sollte und die Fahrtdauer nur sechs Stunden betragen würde, hatte ihn ganz offensichtlich nicht irritiert.

Den Wecker hatten sie auf acht Uhr gestellt und im Smartphone die Bezeichnung »Bank!« hinzugefügt, falls sie über Nacht vergessen sollten, was sie vorhatten. Aber irgendwas war wohl schiefgelaufen.

Micha flucht nun wütend vor sich hin, während er zwei Simpsons-Socken aus dem Berg getragener Klamotten vom Boden fischt. Allerdings die falschen zwei, sodass er jetzt an einem Fuß Homer und am anderen Maggie trägt, die statt an ihrem Schnuller an Michas großem Zeh lutscht, ein Geniestreich des Sockendesigners. Nach einer halben Stunde sitzen die vier endlich in ihrem WG-Auto, einem VW Polo Harlekin mit original vierfarbiger Beklebung aus den Neunzigern.

»Scheiße, wir müssen noch mal zurück!«, ruft André, als sie nur noch zwei Querstraßen von der Sparkasse entfernt sind, und schlägt sich selbst mit der flachen Hand gegen die Stirn.

»Spinnst du? Warum?« Sven, der selbst ernannte Kopf der Bande, wird langsam panisch, da um zwölf Uhr der Transporter vor der Bank halten wird, um die Bargeldbestände abzuholen, dem sie unbedingt zuvorkommen müssen, wenn ihr sowieso schon ins Wanken geratener Plan gelingen soll.

»Ich hab den Adapter fürs Handyladekabel vergessen! Den für den Zigarettenanzünder!«

André blickt verzweifelt von der leeren Steckeröffnung in die ebenso leeren Gesichter der anderen drei. »Oder hat einer von euch eins mit? Wie sollen wir sonst unsere Handys aufladen?«

Karsten mit K schüttelt wortlos den Kopf. Micha, der am Steuer sitzt, hebt beide Hände hoch, als wolle er damit eindeutig demonstrieren, dass er außer dem Lenkrad nichts in der Hand hält, und Sven presst nur mit einer Mischung aus Wut und aufkommender Verzweiflung die Lippen zusammen.

»Also gut«, sagt er schließlich und atmet tief ein, als wolle er sich selbst beruhigen, sein rechtes Auge zuckt nervös, »noch mal zurück schaffen wir nicht. Wir fahren hier um die Ecke in einen Elektronikmarkt und kaufen einen neuen Adapter.«

Applaus von der Rückbank, André und Karsten mit K werfen Sven bewundernde Blicke zu, André klopft ihm von hinten kräftig auf die Schulter. Es hat schon seinen Grund, dass Sven ihr Anführer ist. Er ist einfach ein Genie.

Vor dem Geschäft angekommen parkt Micha den Wagen in einer verlassenen Seitenstraße, während André mit dem Auftrag, das passende Kabel zu besorgen, Richtung Elektronikmarkt eilt. Nach fünf Minuten beginnt Sven nervös auf die Uhr zu gucken. Nach zehn Minuten atmet er hörbar durch die Nase ein und nach einer Viertelstunde schlägt er wütend mit der Faust auf das Armaturenbrett. Micha und Karsten mit K zucken erschrocken zusammen.

»Was macht der Idiot denn so lange?«, zischt Sven und starrt so konzentriert durch die Frontscheibe des VW Harlekin, dass Micha vermutet, er brennt mit seinem Blick jede Sekunde ein Loch in das Glas.

»Vermutlich sucht er einen Adapter für das Ladekabel«, überlegt Karsten mit K laut und guckt nachdenklich durch die staubverschmutzte Scheibe.

Sven schließt die Augen, ballt seine rechte Hand zu einer Faust, sodass die Knöchel schon weiß hervortreten, zischt: »Das ist mir schon klar. Aber doch nicht so lange«, und versucht, sich davon abzuhalten, noch etwas Beleidigendes hinzuzufügen, in dem »Mutter« vorkommt. Da öffnet André die Autotür.

»Na endlich!«, ruft Sven. Und dann blaffend: »Was hast du so lange gemacht?!«

André lässt sich auf die Rückbank fallen, seine Augen strahlen vor Freude, auf seinem Schoß hält er ein großes Paket. »Erinnert ihr euch an die Aktion mit den Bonuspunkten, die man sammeln konnte? Von denen mir immer nur noch fünf gefehlt haben?«

Während Sven ihn verständnislos anstarrt und sich nicht sicher ist, ob das Glitzern in Andrés Augen das Sonnenlicht ist, das durch sein hohles Hirn scheint, oder tatsächlich eine Träne, streicht André mit sanften Bewegungen über das Paket. »Mit dem Adapter hatte ich das Punkteheft voll. Ich durfte mir was aus der höchsten Kategorie aussuchen. Ich hab das Topfset genommen. Es sind fünf Töpfe. Fünf! Aus Edelstahl!«

Die letzten Worte flüstert er mit erstickter Stimme.

»Oh mein Gott!« Sven spielt ernsthaft mit dem Gedanken, seinen Komplizen an Ort und Stelle zu erwürgen, aber dazu müsste er sich vom Beifahrersitz umständlich zur Rückbank umdrehen, und er hat es eh schon mit den Bandscheiben.

»Fahr los!«, schnauzt er Micha an. Bei der Sparkasse angekommen, halten sie in sicherem Abstand zur Filiale. Bei der farblichen Auffälligkeit des VW Harlekin, der ziemlich genau das Gegenteil zu der Unscheinbarkeit von Bundeswehr-Flecktarn verkörpert, hieße sicherer Abstand eigentlich zwei Kilometer Luftlinie. Doch eine Litfaßsäule an der Ecke spielt ihnen in die Karten, hinter der ihr Wagen von der Sparkasse aus tatsächlich kaum zu sehen ist. Nur den linken Außenspiegel mit dem kleinen Dinosticker, den André dort aufgeklebt hat, kann man noch erkennen. Er hatte den Sticker mal in einem Überraschungsei gehabt, und während Karsten mit K beim Öffnen des Eis enttäuscht geseufzt hatte, weil sich keine Figur darin befand, hatte André begeistert die Hände in die Höhe gerissen und »Triceratops, mein Lieblingsdino!« geschrien.

Nachdem sich die vier nun ihre schwarzen Wollmasken über den Kopf gezogen haben, die Sven unter falschem Namen in einem Onlineshop für Skiunterwäsche bestellt hat, geht es los.

Auf sein Kommando hin steigen sie aus dem Wagen, prüfen noch einmal den Sitz der Waffen unter den Jacken in den Gürtelhalterungen und marschieren schnellen Schrittes auf die Sparkasse zu. Je näher sie der Filiale dabei kommen, desto langsamer werden sie. Micha ist der Erste, der verwirrt stehen bleibt. »Bist du verrückt?«, flucht Sven, als Micha sich die Maske vom Gesicht ziehen will, obwohl auch Sven merkt, dass etwas nicht stimmt.

»Ja, aber ich sehe so nix, und irgendwas ist komisch. Warum ist da kein Licht an?«, zischt Micha zurück.

Die vier laufen nun zögerlich weiter und sehen dabei aus wie junge Katzen, die zum ersten Mal auf ein anderes Lebewesen treffen und noch nicht sicher sind, ob sie sich wirklich weiter vorwärtsbewegen oder besser rückwärts die Flucht ergreifen sollen.

An der gläsernen Eingangstür der Sparkasse angekommen, bleibt Sven plötzlich wie erstarrt stehen, um dann mit dem Fuß wütend gegen die Hauswand zu treten.

»Scheißdreck!«

Karsten mit K fährt mit dem Finger auf dem Schild entlang, das mit Tesafilm an der Tür angebracht ist, als könne er die Schrift dann besser lesen. Im Gegensatz zu André kann er wenigstens lesen.

»Wegen Mitarbeiterversammlung heute geschlossen.

Wir freuen uns, Sie am Montag wieder bei uns begrüßen zu dürfen«, murmelt er.

»Ja, super«, brüllt Sven, »dann freuen wir uns, Sie am Montag überfallen zu dürfen, um mit Ihrem Scheißgeld und dem Scheißregio nach Brasilien an die Ostsee zu fahren!«

Er bückt sich nach einem Kieselstein und feuert ihn mit Wucht geradezu in die verschlossene milchige Glastür, die dafür verantwortlich zu sein scheint, dass ihre Pläne nicht aufgehen.

Der Stein schlägt klirrend auf dem Glas auf, prallt von der Scheibe ab und springt einige Meter über den Bürgersteig. »Wie beim Steineflitschen früher am See!«, lacht André auf und bückt sich, um ebenfalls einen Kieselstein aufzuheben und es Sven gleichzutun. Da ihm dabei die schwarze Sturmmaske das Blickfeld erheblich einschränkt, tastet er mit den flachen Händen suchend den Boden ab.

»Junger Mann, wat wird 'n dit, wenn's fertig is?«

Während Sven mit den Augen rollt, fassungslos den Kopf schüttelt und immer wieder »Das darf einfach nicht wahr sein« murmelt, laufen drei Polizisten geradewegs auf die vier unorganisierten Verbrecher zu. Nachdem die Personalausweise kontrolliert, sie untersucht und schließlich festgenommen werden, hat Sven nur einen Gedanken im Kopf: Wann ist ihm eigentlich die Kontrolle über sein Leben entglitten, sodass er jetzt mit diesen drei Schwachmaten einer Haftstrafe entgegenblicken muss? Auch André, dem gerade mit Kabelbindern die Hände hinter dem Rücken verschränkt zusammengebunden werden, hat nur einen Gedanken: Wird er je das fünfteilige Topfset aus Edelstahl benutzen können, über das er sich so gefreut hat?

LAURAS SCHNAPSIDEE: APFELSTRUDEL

Egal, ob ihr jemanden vom Weihnachtsmarkt mit nach Hause nehmt oder im Sommer mit eurem Date spontan nackt baden geht, manchmal gibt es Momente, in denen ihr euch gleichzeitig aufwärmen und euch Mut antrinken müsst. Versucht es in solchen Situationen doch mal mit Apfelstrudel. Für einen Shot braucht ihr 4 cl Rum, 10 cl Apfelsaft und 1 cl Zimt. Alles zusammen in die Mikrowelle und fertig ist der romantischste Schnaps der Erde. Falls ihr den ganzen Spaß für eure Nacktbade-Session to go braucht, könnt ihr diesen Kurzen auch einfach in einer Thermoskanne warm halten und so oft nachschenken, bis aus dem Date das aufregendste Abenteuer eures Lebens wird.

WARUM DIE BERLINER VERKEHRSMITTEL EINE NAHTODERFAHRUNG SIND

.ARIANA.

Habt ihr schon mal versucht, mit etwas sehr Großem in etwas sehr Kleines reinzukommen?

Okay, das klingt jetzt wieder komisch ... Was ich sagen will: Wer in einer großen Stadt wohnt, sollte sich gut überlegen, ob er oder sie sich wirklich ein Auto anschaffen möchte. Parklücken sind in etwa so rar und gefragt wie Bananen oder Beatles-Schallplatten in der DDR. Nun gibt es Dinge, die ich im Leben gut kann, und Dinge, die ich nicht so gut beherrsche. Was ich gut kann: Ratschläge geben. Was ich nicht so gut kann: Ratschläge annehmen.

> Wer hat dir das geraten? Kenne ich diese Menschen? Und wenn ja – warum haben diese Menschen mir diesen Tipp nicht gegeben?
>
> LAURA

Mir wurde mehrfach geraten, kein Auto zu kaufen, solange ich in Berlin wohne. Was habe ich gemacht? Richtig, ein Auto gekauft.

Zumindest reichte die Erbsengröße meines Intelligenzzentrums aus, um mich für einen parklückenfreundlichen Smart zu entscheiden. Ein Smart ist etwa so lang wie breit, es passen ungefähr zwei kleine Menschen oder 1,5 große Menschen rein und man kann ihn super als Hocker be-

154

nutzen, wenn man auf dem Sofa sitzt und eine Fußablage braucht. Deswegen machte ich auch immer, wenn ich mich mit Leuten unterhielt und von meinem Auto sprach, bei dem Wort »Auto« diese unausstehlichen Gänsefüßchen mit den Zeigefingern in der Luft. Es ist halt ein Smart, kein richtiges Auto.

Dass ich ihn gebraucht gekauft hatte, hat mir zwei große Vorteile gebracht. Erstens, ich habe weitaus weniger bezahlt, als ich für einen Neuwagen hätte ausgeben müssen. Und zweitens, ich hatte mittlerweile ein schon fast freundschaftliches Verhältnis zu dem Kfz-Mechaniker in der Smart-Werkstatt, so oft, wie wir uns sahen. Böse Zungen würden behaupten, mein »Auto« hatte sehr viele Mängel. Ich sagte dazu, er musste etwas intensiver gepflegt werden. So wie unreine Haut. Oder fettige Haare.

Im letzten Herbst jedoch musste mein »Auto« doch etwas aufwendiger repariert werden, er hatte quasi einen etwas größeren Pickel. Eine ganze Woche lang musste ich ihn meinem guten Bekannten von der Werkstatt anvertrauen und mich stattdessen um ein alternatives Fortbewegungsmittel kümmern. Bei einem Smart kommt einem als vergleichbares Fahrzeug natürlich sofort ein Bobbycar in den Sinn, leider besitze ich keins. Für kurze Strecken ist ein Fahrrad superpraktisch, aber in größeren Städten wie Berlin legt man, wenn man Termine in drei unterschiedlichen Ecken der Stadt hat, gerne mal so schätzungsweise zehn bis fünfzehn Kilometer am Tag zurück. Also tausend, zehn- bis fünf-zehntausend Kilometer.

Deswegen musste ich wohl oder übel für eine Woche auf die öffentlichen Verkehrsmittel ausweichen, die sagenumwobene Berliner Verkehrsgesellschaft, kurz BVG.

Ich habe nicht genug Finger, um aufzuzählen, warum mit der BVG fahren für mich auf der Liste der Dinge, die ich nicht mag, kurz hinter Koriander kommt, und den hasse ich wirklich abgrundtief. Er mich mittlerweile auch, glaube ich.

Einige der Gründe sind: Es dauert einfach unfassbar lang, ich sage immer, in Berlin braucht man von Punkt A nach Punkt B fünfundvierzig Minuten, völlig egal wo man startet und wo man hinmöchte. In fünfund-vierzig Minuten kann man von Berlin nach München fliegen! Dann: die Menschen. Ich möchte nicht wissen, wie fremde Menschen unter den Achseln riechen, ich möchte nicht wissen, was für Beziehungsprobleme fremde Menschen haben, dass ihnen der Zehennagel eingewachsen ist und sie einfach keinen Dermatolo-gentermin bekommen, dass ihnen vom Rückwärtsfah-ren übel wird und sie glauben, sich gleich übergeben zu müssen, ich möchte nicht, dass ihr Chihuahua auf dem Schoß mich mit seiner Pfote berührt, mit der er gerade noch in seinem eigenen Urin stand, und ich möchte keine Speicheltropfen abbekommen, weil ein fremder Mensch neben mir niest, ohne sich die Hand vor den

Mund zu halten, Herrgott noch mal, was haben eure Mütter euch eigentlich beigebracht? Aber all das sind Dinge, die einem beim Fahren mit der BVG passieren. Oder auch: die Ticketpreise. Nicht nur, dass Berlin weltweit zu den teuersten Nahverkehrsanbietern gehört. Angenommen, ich steige morgens um acht Uhr in eine Bahn.

Dann ziehe ich Ticket Nummer eins. Ich weiß, dass ich nachmittags die gleiche Strecke wieder zurückmuss, aber nicht, ob ich später noch mal mit der BVG fahre. Also kaufe ich erst mal keine teure Tageskarte, sondern nur ein Einzelticket.

Auf dem Rückweg am Nachmittag kaufe ich Ticket Nummer zwei. Da Berlin eine superhippe Stadt ist mit super vielen hippen Restaurants und ich superhippe Freunde habe (und selbst superhip bin), fragen mich am frühen Abend Freunde, ob wir noch etwas essen gehen wollen. Zurück könnte mich ein Freund mit dem Auto mitnehmen, der in der Nähe wohnt.

Zähneknirschend, aber notgedrungen kaufe ich auf dem Weg zum hippen Asia-Restaurant Ticket Nummer drei an diesem Tag und liege jetzt schon über dem Preis einer Tageskarte. Zwei Stunden später hat sich mein Freund, der in der Nähe wohnt und mich ursprünglich mitnehmen wollte, so viel Moscow Mule oder große Mengen von irgendeinem anderen unerträglich hippen Getränk einverleibt, dass er das Auto stehen lassen muss. Ich kaufe also Ticket Nummer vier! Vier! Vier!!!

Und habe innerhalb von nur 24 Stunden so viel Geld für Fahrscheine ausgegeben, dass ich die verdammte BVG hätte kaufen können! Hallelujah.

Ihr solltet jetzt den Hauch einer Ahnung haben, warum ich es vermeide, die öffentlichen Verkehrsmittel zu nutzen. In diesem Fall aber blieb mir ja nichts anderes übrig. Meinem »Auto« musste ein Pickel ausgedrückt werden.

Ich hatte also eine Woche Bus- und Bahnfahrten vor mir, die ich im Nachhinein als Nahtoderfahrung beschreiben würde. Es begann gleich am ersten Tag. Ich musste am Kottbusser Tor in Kreuzberg in die U-Bahn einsteigen. Egal was ihr vom Kottbusser Tor gehört habt, ich kann euch sagen: So schlimm ist es nicht. Es ist noch viel, viel schlimmer.

Wenn man diesen Platz bei einer internationalen Suchmaschine eingibt, lautet die Überschrift des ersten Treffers »Warum der Kotti im Kriminalitäts- und Drogensumpf versinkt«. Jep. That's the spirit. Danach steht irgendwas von Spritzen, Messern, Massenschlägereien, Raubüberfällen, Sachbeschädigung und Taschendiebstahl. Been there, done that. Wirklich. Ich habe all das dort schon gesehen.

Jedenfalls steige ich dort in die Bahn und wechsle am Alexanderplatz in die Tram Richtung Prenzlauer Berg. Und während ich da so in der M2 sitze und gedankenverloren durch die milchigen Fensterscheiben schaue, bleibt mein Blick an einer Frau hängen, die vor dem

Bahnhof auf einer Holzbank sitzt und ihre Hände mechanisch auf und ab bewegt.

Zuerst beachte ich sie nicht weiter, aber nach einer Weile springt mein Creep-Radar an, der mir sagt, da geschieht etwas Denkwürdiges, und ich beobachte sie doch etwas ausführlicher. Was dann passiert, müsst ihr euch in etwa so vorstellen wie den Moment, wenn man nach langer Zeit in der Dunkelheit ins Tageslicht kommt und sich die Augen erst eine Weile an die Helligkeit gewöhnen müssen, bis man richtig erfassen kann, was man da eigentlich gerade sieht. Ich musste die Frau auch sehr lange betrachten und habe kurz darüber nachgedacht, wie wahrscheinlich es wohl ist, dass ich gerade Wahnvorstellungen habe oder Symptome eines Überlastungssyndroms, weil ich BVG fahren muss und nun etwas sehe, das eigentlich gar nicht passiert.

Sie hat Xylophon gespielt. Also, nicht als Straßenmusikerin. Sie stand nicht auf dem Bürgersteig mit einem Hut und einem »Danke für Ihre Spende«-Schild mit einem Smiley darauf und hat Stücke aus dem Harry-Potter-Soundtrack und von Bob Marley vorgetragen.

Nein, sie saß wie viele andere auch ganz normal auf einer Bank, hatte eine ganz normale Handtasche bei sich und wirkte ganz normal wartend, nur hatte sie dabei eben ein Xylophon auf dem Schoß und spielte mit todernster Miene und zwei Holzklöppeln völlig unbeirrt. Ich guckte mich halb belustigt, halb Hilfe suchend um, in der Hoffnung, die anderen Fahrgäste würden mich anschauen und mir mit ihren Blicken sagen »Ja, wir sehen das auch. Unglaublich, oder?! Dit is Berlin.« Aber nichts. Nichts. Die Menschen schienen durch sie hindurchzugucken. Ich fühlte mich, als wäre ich in einem Horrorfilm gefangen, in dem ich die Einzige war, die den Zombie sah. Den Zombie mit einem Xylophon.

Meinen achtstündigen Arbeitstag bei einem Berliner Magazin sah ich danach als Erholungspause von dieser morgendlichen Grenzerfahrung an und schlief an diesem Abend so gut und tief, als wäre ich einen Marathon gelaufen. Mein Hirn hatte wohl einiges zu verarbeiten.

Da die Fahrt zur Arbeit am nächsten Tag ohne weitere Zwischenfälle verlief, war ich umso aufgeregter vor der Heimfahrt. So wollte es doch das Gesetz des Schicksals, oder? Wenn auf dem Hinweg alles gut ging, hieß das, die nächste Challenge wartete auf dem Rückweg. Am frühen Abend verließ ich das Büro, blieb auf dem Treppenabsatz stehen, atmete dreimal tief durch und fühlte mich wie Frodo Beutlin, als er aufbrach nach Mittelerde, erfüllt von Mut und Tatendrang, aber auch Angst, den Ring zu zerstören. Nur, dass ich keinen Ring dabeihatte, sondern eher das Gefühl, ich wurde zerstört. Durch die öffentlichen Verkehrsmittel.

Es ging wieder Richtung Tramstation und ich versuchte, mich möglichst unauffällig und beiläufig zu bewegen. Das Problem: Man sieht vollkommen bescheuert aus, wenn man unauffällig aussehen möchte. Ich stand an der Haltestelle, die sich auf der Mittelinsel einer großen Hauptstraße in Berlin-Prenzlauerberg befand, und stand da. Ich stand einfach da. Was macht man denn bitte mit den Armen, wenn man steht? Ich wollte die Hände in meine Hosentaschen stecken, damit die Arme nicht so nutzlos herumschlackerten, aber ich trug einen Rock. Der hatte keine Taschen. Und ich konnte die Hände ja schlecht in den Bund des Rockes stecken. Dann verschränkte ich die Arme vor der Brust, kam mir dabei aber vor wie mein Biolehrer aus der siebten Klasse, wenn ich wieder zu laut mit meiner besten Freundin getuschelt hatte.

Ich versuchte, ein wenig auf und ab zu laufen, möglichst langsam und sehr beiläufig. Als ich jedoch aus Versehen anfing, dabei ein Lied zu pfeifen, was wirklich absolut albern wirken musste, gab ich auf. Ich konnte einfach nicht unauffällig warten.

Zu meinem Glück kam in diesem Moment die Tram. Wie eine vorbildliche Bürgerin ließ ich zuerst die Aussteigenden aussteigen, stieg dann selbst ein, zahlte mit passendem Kleingeld mein Ticket und setzte mich hin. Keine Minute nachdem die Türen sich geschlossen hatten und die Tram losgefahren war, ertönte ein polterndes »Einmal die Fahrausweise, bitte« und zwei Kontrolleure bewegten sich den Gang der Tram entlang aufeinander zu, als würde sich eine Schlinge zuziehen.

Merkwürdigerweise bekam ich, obwohl ich gerade erst

ein Ticket gekauft hatte, schweißnasse Hände und das Gefühl, etwas Verbotenes getan zu haben und gleich erwischt zu werden. Ich starrte wie hypnotisiert auf mein Ticket, das ich in den Händen hielt, las immer wieder den Kaufpreis, die Gültigkeitsdauer und den Abfahrtsort, als wollte ich mich selbst beruhigen, dass alles seine Richtigkeit hatte. Ich konnte jedoch erst aufatmen, als der Kontrolleur so eingehend meine Fahrkarte studiert hatte, als würde er in den Aufdrucken nach Rechtschreibfehlern suchen, und sie mir mit einem kurzen, strengen Nicken zurückgegeben hatte.

Ich war noch dabei, darüber nachzudenken, dass man das als perfekte Foltermethode für Gefängnisinsassen benutzen könnte, die die Aussage verweigerten, sie einfach ohne Ticket in Berliner Bahnen fahren lassen und dann zehn Kontrolleure auf sie loslassen, da musste ich auch schon wieder aussteigen.

Am nächsten Morgen bemerkte ich erfreut, dass ich an Tag drei trotz der Aufregung angesichts all der Dinge, die gleich wieder würden passieren können, meinen Puls langsam unter Kontrolle hatte. Trotzdem bin ich mir sicher – wenn meine Hausärztin jetzt ein großes Blutbild gemacht hätte, hätte sie einen alarmierend hohen Adrenalinausstoß festgestellt.

Mittlerweile fand ich mich ziemlich lässig beim Laufen, hatte mir eine solide und selbstsichere Wartehaltung erarbeitet und bekam fast immer einen Sitzplatz, trotz der vollen Busse und Bahnen am Morgen. Eine der wenigen Situationen, die mir noch Angst machten, war das Stehen an der Bahnsteigkante. Da dabei vor meinem inneren Auge immer wieder Fetzen eines schlechten Tatortes vorbeizogen, in denen ein maskierter Mann junge Frauen ins Gleisbett schubste, versuchte ich, möglichst weit entfernt vom Gleis auf die Ankunft der U-Bahn zu warten. Dazu stellte ich mich einfach neben einen kleinen Kiosk, dessen Verkäufer mir jetzt schon das zweite Mal zugenickt hatte, was in Berlin so viel bedeutete wie, er akzeptierte mich als Familienmitglied.

Gerade als ich mich selbst bei dem Gedanken erwischte, dass ich die öffentlichen Verkehrsmittel doch gar nicht mal so übel fand, und mir dabei vorkam, als würde ich mein »Auto« mit einem anderen betrügen, ertönte irgendwo hinter mir ein leises Quietschen.

Die Bahn fuhr ein, ich ließ wie immer die Aussteigenden aussteigen, dann betrat ich den Waggon und das Quietschen folgte mir. Ich suchte mir einen Sitzplatz und das Quietschen kam näher. Und entpuppte sich als mittelmäßig guter Geigenspieler, der sich aus einem Einkaufstrolley und knarzenden Lautsprecherboxen eine Art Miniaturausgabe eines Umzugswagens vom Karneval in Rio de Janeiro nachgebaut hatte.

Ich wünschte, er wäre bei dem Quietschen geblieben, leider wurde daraus auf einmal »Despacito« von Luis Fonsi und Daddy Yankee. Holy shit. Meine Migräne, die ich seit drei Jahren erfolgreich im Griff hatte, machte gerade Anstalten, sich spontan selbst wiederzubeleben. Spielte er das gerade ernsthaft? Auf einer Geige? Diesem anmutigen, klassischen, für Höheres bestimmten Instrument?

Noch während ich darüber nachdachte, was ich selbst auf einer Geige in einer Berliner U-Bahn spielen würde und zugeben musste, dass mir als Erstes die Spice Girls und Justin Timberlake einfielen, was sich nur minimal von »Despacito« abhob, machte mein Innenohr eine Entdeckung und sendete diese Info umgehend an mein Unterbewusstsein.

Tatsächlich. Ich war mir plötzlich nicht mehr sicher, ob das, was der Geigenspieler aus der Hölle da spielte, nicht doch »Señorita« von Pietro Lombardi und Kay One war. Es klang erschreckend ähnlich. Wow. Das war der Moment, an dem ich ausstieg, und mir war dabei völlig egal, ob dies schon die richtige Haltestelle war oder nicht.

Ich wurde sowohl an diesem Tag auf dem Nachhauseweg als auch auf dem Arbeitsweg am nächsten Morgen von weiteren Zwischenfällen verschont. Mir war relativ klar, dass mich dafür auf dem Heimweg wieder irgendeine Merkwürdigkeit erwarten würde.

Das Warten auf die Tram verlief noch völlig normal. Kein Maskenmann, kein Xylophon, kein Geigenspiel. Auch die Fahrt und das Umsteigen in die U-Bahn waren nicht weiter ungewöhnlich.

Gerade, als ich mich dabei ertappte, selig zu lächeln und mir selbst zu sagen, dass ja nicht immer etwas passieren müsse, dass das Leben es ja auch einfach mal gut meinen könne, dass jeder Tag ein Geschenk sei, in dem man das Positive erkennen müsse, statt das Negative zu suchen, da sah ich ihn. Er saß mir gegenüber. Mittleren Alters, um die fünfundvierzig. Bauarbeiterschuhe. Handwerkerhose. Rucksack. Und ein Glas in der Hand. Ein Weinglas.

Ich schloss kurz die Augen, atmete tief ein und aus und konzentrierte mich auf das Bild eines blauen Himmels mit vielen weißen Wolken. Das sollte mich beruhigen. Jetzt würde ich gleich die Augen langsam wieder öffnen und er würde weg sein. Der Mann, der da an einem gewöhnlichen Wochentag in der schaukelnden Berliner U-Bahn saß, offensichtlich von der Arbeit kam und unbeirrt französischen Weißwein aus einem echten Weinglas – aus Glas! – trank, er würde weg sein.

Drei, zwei, eins.

Ich machte die Augen auf.

»Prost!«

Er sagte das nicht, aber er erhob gerade das Glas, als ich ihn anblinzelte.

Als ich von der Bahnstation nach Hause lief, hörte ich meine Mailbox ab. Ein Anruf in Abwesenheit. Es war die Autowerkstatt.

»Sie können ihn morgen abholen«, sagte der Werkstattmitarbeiter und seine Worte klangen in meinen Ohren wie das liebliche Spiel einer göttlichen Harfe. Ich blieb augenblicklich stehen und bekreuzigte mich. Völlig falsch, ich habe absolut keine Ahnung, wie das geht, aber ich hatte das Gefühl, ich war dem Universum ein Stoßgebet schuldig. Es musste mich erhört haben. Die Zeit, in der ich mir mehrmals täglich mit all diesen Wahnsinnigen ein Verkehrsmittel teilen musste, sie war vorbei!

Uuffff. Es schmerzte an den Schulterknochen, als die Frau, die offensichtlich bis zu dem Moment direkt hinter mir gelaufen war, mir geradewegs in den Rücken knallte, als ich so abrupt stehen geblieben war.

»Meine Fresse ey, nur Verrückte hier in Berlin! Nur Verrückte!«, rief sie mir verärgert hinterher und tippte sich mit dem Zeigefinger an die Stirn.

ARIANAS RANDOM FACT: WARUM WEIN NICHT VEGAN IST

Obwohl ich mich selbst als Hobbyveganerin bezeichne (ich esse einfach nicht so gerne tierische Produkte, muss aber auch nicht gleich im kirchlichen Beichtstuhl um Gnade betteln, wenn ich mal ein Steak esse), betrachte ich es mit kritischem Blick, teilweise sogar Verachtung, auf welchen Produkten heutzutage überall »vegan!« draufsteht.

Vegane Zahnseide, veganes Leder, veganer Textmarker. Irgendwie albern.

Bei »veganem Wein« ging es mir zunächst genauso, bis ich die Erklärung dazu gelesen hatte, und die ist ein wahrer Random Fact!

Ich behaupte einfach mal, das wissen die wenigsten Leute, wie auch ich bis dahin: Bei der Herstellung von Wein kommt es zu einer ganz natürlichen, aber nicht schön anzusehenden Trübung, und um diese Trübstoffe aus Weinen herauszufiltern, setzen Winzer tierische Produkte ein. So zum Beispiel die Hausenblase von Fischen, Gelatine aus Rinder- oder Schweinebestandteilen oder auch Hühnereiweiß.

Der Otto Normalallergiker muss sich jetzt nicht gleich Sorgen machen, da man schon hochgradig allergisch sein muss, um auf diese minimalen Rückstände im Wein mit Atemnot und weiteren Begleiterscheinungen zu reagieren. Aber ich werde bei »veganem Wein« ab jetzt eine Ausnahme mit dem Augenrollen machen.

WARUM ICH BERLIN
MANCHMAL BLÖD FINDE
.LAURA.

Mir hat mal jemand gesagt: »Zugezogene, die über Berlin meckern, sind die schlimmsten Zugezogenen.« Herzlichen Glückwunsch an mich selbst. Der Titel gehört mir. Dabei dachte ich, ich sei schon in Berlin angekommen, bevor ich hier überhaupt gewohnt habe. Ich wollte immer in die Hauptstadt, denn die war nicht mal zwei Stunden von Parchim entfernt. Und kaum war Freitag, habe ich meine Augen schwarz angemalt, mir Sternen-Ohrringe reingemacht, mich in den Regio gesetzt und bin nach Berlin gefahren. Am Hauptbahnhof habe ich mir Pink-Elephant-Zigaretten gekauft, weil die so cool aussahen, und bin manchmal einfach nur rauchend und Jennifer Rostock hörend durch die Stadt gelaufen, um so zu tun, als würde ich hier wohnen. Mit der U-Bahn fahren, Bilder im Fotoautomaten machen, in Secondhandläden shoppen – Berlin war für mich wie New York und ich wollte dazugehören und habe plötzlich »Icke« statt »Ich« gesagt, nur um authentischer zu wirken. Das ist im Nachhinein natürlich das Peinlichste der Welt, aber ich war mir sicher, dass in Berlin das bessere Leben auf mich wartet.

Eine Sache kann ich schon mal vorwegnehmen: wartet es nicht. Ich will jetzt nicht auf die Tränendrüse drücken, aber als ich aus Parchim weggezogen bin, haben sich gerade meine Eltern getrennt, mein Freund hat Schluss gemacht und ich habe als Bibliotheksassistentin keinen Job gefunden. Ich dachte damals, das wäre der Tiefpunkt meines Lebens, und wenn es irgendwo besser werden könnte, dann ja wohl in Berlin. Denn da werde ich coole Freunde finden und in einer Altbauwohnung mit hohen Decken und Stuck leben, gemeinsam mit meinem neuen Freund, der in einer Band spielt und vegan lebt und mit mir am Fenster sitzt und selbst gedrehte Zigaretten raucht. Und überhaupt werde ich berühmt werden, sobald ich nach Berlin gezogen bin. Als Sängerin oder Schauspielerin oder Musikjournalistin, auch wenn ich von diesen drei Sachen überhaupt keine Ahnung hatte. Und selbst wenn ich nicht sofort ein Star werden würde, dann könnte ich immerhin jeden Tag shoppen und Abends feiern gehen. In Berlin ist das möglich. Everyday is a party! Das war mein Lebensmotto und ich hätte es mir fast tättowieren lassen, wenn nicht doch alles anders gekommen wäre, als ich dachte. Ich hatte nämlich keine Wohnung

> Das ist wohl das Phänomen, dass man immer das haben will, was man nicht hat. Ich bin in diesem schillernden Berlin geboren und aufgewachsen und alles, was ich wollte, war, Pferdewirtin zu werden. Und viele Fohlen zu besitzen. Jetzt hab ich Laura.
> ARIANA

> Ach deswegen sprichst du nie mit meiner Mutter!
> ARIANA

169

mit Fensterbank und Blick auf die Spree, sondern ein Zimmer in der kältesten WG Deutschlands. Mit einem kiffenden Mitbewohner, der nicht mit mir gesprochen, dafür aber Ecstasy im Kühlschrank gebunkert hat. Mit dem habe ich mich so unwohl gefühlt, dass ich heute noch Gänsehaut bekomme, wenn ich Schwäbisch höre. Ich habe monatelang bei Freunden auf der Couch geschlafen oder bei meinen Verwandten im Gästezimmer, so weit am Rand von Berlin, dass ich auch wieder nach Parchim hätte zurückziehen können. Ich kann froh sein, dass ich diese Menschen in meinem Leben hatte, denn eine Wohnung hätte ich niemals gefunden. Für mich gab es nicht mal eine WG. Ich war der Menderes der WG-Castings. Immer wieder habe ich es versucht, aber meistens kam ich nicht mal in den Recall. Ich habe das am Anfang total persönlich genommen und meinen Musikgeschmack, meine Hobbys und mein Aussehen von Casting zu Casting optimiert. Irgendwann habe ich gecheckt: Hier auf dem WG-Markt in Berlin geht es nicht um die Person, sondern um das, was du hast. Kannst du eine X-Box, Waschmaschine und eine Spülmaschine mitbringen, wenn du einziehst? Dann gehört es dir, das Zehn-Quadratmeter-Durchgangszimmer in Kreuzberg für siebenhundertfünfzig Euro im Monat. Ich hätte damals nicht mal ein Küchenradio mitbringen können, denn ich hatte so wenig Geld, dass ich mich von Krümeltee und Toast ernährt habe. Und von Popcorn. Weil das mit dem Berühmtwerden nicht so richtig klappen wollte, habe ich nämlich in einer Videothek gearbeitet. Und bei einem Pizzalieferdienst. Und bei einem Backshop am Bahnhof. Und an der Kasse im Supermarkt, und trotzdem musste ich Mitte des Monats jedes Mal meine Mutter anrufen und fragen, ob sie mir Geld überweisen kann, denn ich war immer pleite. Und diese ganzen coolen Leute mit überteuerten Secondhand-Jeansjacken, die auf einer Fensterbank in einer Altbauwohnung in Kreuzberg saßen und selbst gedrehte Zigaretten geraucht haben, die habe ich plötzlich gehasst. Ich konnte die nicht mehr ertragen. Wie sie sich alle laut auf Englisch unterhielten und in kleinen Reclam-Heften in der Bahn »Die Verwandlung« von Franz Kafka lasen und sich mit Bleistift kleine Notizen für ihr nächstes Germanistikseminar machten. Und wie sie vor Spätis saßen und Bier tranken, was ihnen in Wahrheit gar nicht geschmeckt hat, und darüber philosophierten, dass sie sich auf der letzten Rucksacktour durch Thailand echt selbst gefunden hätten. Mir kam das falsch vor. Wie konnten die denn so ein cooles Leben haben, während ich im letzten halben Jahr fünfzehn Kilo zugenommen und auf Couchen von Freunden geschlafen hatte? Ich beschloss, diese Hipster blöd zu finden. Ich fand, dass nicht ich das Problem war, sondern die anderen, die so taten, als hätten sie ein freies, intellektuelles Leben. Also tat ich auch so und telefonierte in der Bahn laut und auf Englisch und erzählte was von Deadlines und Calls und Meetings, obwohl niemand am anderen Ende der Leitung war. Ich telefonierte mit mir selbst, um ein Business-Leben vorzutäuschen. Fremden Menschen bei der Mitfahrgelegenheit erzählte ich, dass ich Schauspielerin bin und gerade gemeinsam mit Matthias Schweighöfer vor der Kamera stehen würde. In Wahrheit machte ich Popcorn und sortierte zurückgebrachte Pornofilme ins Regal. Was war ich für eine armselige Person!

Es war übrigens nicht nur unmöglich, coole Jobs und eine Wohnung zu finden. Noch viel schwerer war es, Freunde kennenzulernen oder die Liebe seines Lebens zu finden. Notiz an mich selbst: Menschen, die nur mit dir vortrinken wollen und dich auf einer Bad-Taste-Party verkleidet allein zurücklassen, sind keine richtigen Freunde. Und Typen, die dir nach dem Sex sagen: »Du musst hier nicht unbedingt schlafen«, sind nicht deine zukünftigen Lebensabschnittsgefährten, Laura!

Ich glaube, die Momente, in denen ich im Winter verkleidet im Glitzer-Achtzigerjahre-Outfit siebenunddreißig Minuten auf die S-Bahn gewartet und Döner gegessen habe oder ohne Schlüpfer und mit verschmierter Schminke von Kreuzberg nach Tempelhof gelaufen bin (hatte kein Geld mehr für den Nachtbus), weil der Typ mich nicht mal als One-Night-Stand wollte (sonst hätte ich da ja wohl übernachten dürfen), haben bewirkt, dass ich Berlin ein bisschen blöd finde. Und in diesen Nächten wollte ich so oft meinen Rucksack packen und mit dem Regio zurück nach Parchim fahren und wieder »Ich« statt »Icke« sagen. Ich bin dann aber geblieben und habe das mit dem »Icke« trotzdem sein lassen und das mit dem Feiern auch und das mit den One-Night-Stands sowieso. Jetzt finde ich Berlin nur noch manchmal blöd, weil ich es den Leuten immer noch nicht abnehme, dass sie freiwillig zu Elektro tanzen gehen und Sushi mögen. Und weil ich sauer bin, wenn mir Freundinnen erzählen, dass sie sich in einen Typen verliebt haben, der es lieber locker mag und keine feste Beziehung will. Und weil mich das wütend macht, dass man in Mitte nie einen Parkplatz findet und ich mir keine Wohnung mit Balkon leisten kann, obwohl ich mit meinem Gehalt in Parchim eine Eigentumswohnung mit Terrasse und Garage finanzieren könnte. Und wenn mich mal wieder der volle Berlin-Hass überkommt, dann rauche ich normale Zigaretten, weil es die von Pink Elephant nicht mehr gibt, höre alte Songs von Jennifer Rostock, laufe einfach so durch Berlin und merke, dass es hier irgendwie doch gar nicht so scheiße ist.

WARUM ICH MANCHMAL SEHR KLUG BIN ...
UND MANCHMAL NICHT
.ARIANA.

Ich bin eigentlich kein Fan davon, sich selbst schlecht zu machen oder den eigenen Intellekt in den Schatten zu stellen. Aber an dem Tag, an dem ich den Support-dienst meines Spülmaschinenherstellers angerufen habe, musste ich eine Entdeckung machen: Ich bin dumm. Einfach dumm.

Es gibt doch diese Momente im Leben, in denen man jäh daran erinnert wird, mit wie viel Glück man doch gesegnet ist, wie gut es einem geht, ohne das bis dahin angemessen gewürdigt zu haben, beziehungsweise, wie gut es einem GING.

Liegt man zum Beispiel mit einer Mittelohrentzün-dung oder Zahnschmerzen im Bett, träumt man sich in Gedanken wimmernd in frühere Zeiten zurück, in denen man ohne Schmerzen fröhlich jauchzend durchs Leben gehüpft ist. Und mit »frühere Zeiten« ist die Woche vor der Erkrankung gemeint.

Oder dieser verfluchte Abschnitt kurz vorm Jahres-ende, wenn erst die Nebenkostennachforderung der Hausverwaltung kommt und dann nach und nach der Bescheid über die Steuernachzahlung und die Jahres-rechnung der Kfz-Vollkaskoversicherung im Briefkasten landen und einen finanziell großflächiger ruinieren als der Flughafen BER das Land Berlin.

Ganz ehrlich, die könnten all diese Rechnungen auch einfach zusammen verschicken, dann würde man nicht ratenweise kleine Schocks kriegen, sondern einmal einen richtigen. Einfach alles in einen Umschlag und einen Zettel dazu: »Achtung, wir werden gleich finanziell Ihr Leben zerstören. Guten Rutsch!«

Jedenfalls wird einem in solchen Situationen erst richtig bewusst, wie schön sorglos das Leben doch bis gerade eben noch war. Und ähnlich ging es mir, als meine Spülmaschine von einem Tag auf den nächsten nicht mehr arbeiten wollte. Gut, das konnte ich ihr grundsätzlich nicht übel nehmen, denn diesen Wunsch teile ich mit ihr.

Trotzdem versetzte mich der Gedanke, dass ich von nun an mit der Hand eingetrocknete Kartoffelpüreereste vom Boden meiner Cromargan-Töpfe kratzen und verklebte Rotweinpfützen irgendwie aus den Weingläsern bekommen musste, in leise Verzweiflung.

Normalerweise gehöre ich ja zu der Fraktion, die jedes Problem, das nicht alleine zu lösen ist, bei Google eingibt oder nach einem passenden Youtube-Tutorial sucht. Einmal, um mir und anderen nicht eingestehen zu müssen, dass ich nicht weiß, wie man mit einem Bohrer ein zwei Zentimeter tiefes Loch in eine Wand bohrt oder dass ich ohne Hilfe nicht in der Lage bin, eine Lampe am Strom anzuschließen, ohne ungewollt ein US-amerikanisches Hinrichtungsszenario aus den Sechzigern nachzuspielen.

Und zweitens: Wisst ihr, wie teuer das ist, für jede kleine Herausforderung im Haushalt einen Handwerker, Elektriker oder Tatortreiniger kommen zu lassen? Eben. Deswegen google ich in solchen Fällen und mache es selbst.

Das konkrete Problem mit meiner Spülmaschine war Folgendes: Die Tür ließ sich nicht mehr verschließen. Sie ging einfach nicht mehr zu. Jedes Mal, wenn ich es versucht und nur ein kleines bisschen Gewalt angewendet habe, gab es da diesen Widerstand in der hinteren linken Ecke. Ich habe gerüttelt, gedrückt, angehoben, vorsichtig geschoben, ruckartig gedonnert. Nichts.

Sie ging. Nicht. Mehr. Zu. Und damit auch. Nicht. Mehr. An!

Bevor ich jedoch googelte, suchte ich die Kaufbelege heraus, studierte sie eingehend, atmete erleichtert auf und hatte für einen kurzen Moment das Gefühl, nun doch zu Gott zu finden, denn es musste ihn geben: Ich hatte noch genau zwei Wochen Garantieanspruch!

Zu meinem Erstaunen kam ich an der Hotline sehr schnell durch und die Mitarbeiterin war sehr freundlich. Trotzdem wies sie mich noch mal darauf hin, dass die Anfahrt des Technikers und sein Einsatz nur kostenfrei für mich waren, wenn wirklich ein Garantiefall vorlag. Alle selbst verschuldeten Fehler habe man selbst zu verantworten und so auch die damit verbundenen Kosten.

»Aber das können Sie ja sicher ausschließen«, sagte sie lachend und ich bejahte das und lachte auch und wir lachten zusammen und in meiner Vorstellung hatte ich eine Schleife im Haar und lange blonde Haare und sie trug ein Headset mit Mikrofon und biss gerade in einen leuchtend grünen Apfel und wir waren der perfekte Abspann eines Versicherungs-Werbespots.

Leider war die Fortsetzung eher eine Episode aus »Die dümmsten Hausfrauen Deutschlands«.

Da ich zu meinem großen Erstaunen nicht der einzige Mensch in Berlin war, der dringend die Dienste des Spülmaschinen-Technikservices benötigte, musste ich ganze zwei Wochen auf den Termin warten. In diesen zwei Wochen wurde ich sehr erfinderisch, was das Spülen meines Geschirrs anging, denn es gibt wenig, was ich mehr hasse, als mit der Hand abzuwaschen. Eine Methode war, sämtliche Teller und Gläser im Spülbecken aufzubauen und so viel Wasser einlaufen zu lassen, dass alles komplett bedeckt war. Das ließ ich dann zwei, drei Tage mit Spülmittel einwirken, danach hatten sich alle Lebensmittelreste wie von Zauberhand vom Geschirr gelöst und schwammen auf dem Wasser, ich musste nur noch die perfekt gesäuberten Teller aus dem Wasser ziehen.

Dann kam mir ein Gedanke, den ich persönlich als ziemlich genial bewertete: Plastikgeschirr! Einfach Teller, Becher, Gabeln und Löffel aus Plastik verwenden und nach dem Essen easy peasy in den Müll schmeißen, kniet nieder ihr Bauern, ich habe das Geheimnis des Lebens entdeckt, was kostet die Welt, aus dem Weg, ich bin Gottes Auserwählte.

Tja. Nach gerade mal einem Tag überkam mich ein schlechtes Gewissen, ich spürte quasi den strafenden Blick von Mutter Natur in meinem Nacken angesichts der massiven Plastikverschwendung. Und irgendwie hatte ich auch keine Lust, mich beim Essen von Plastiktellern tagelang zu fühlen, als wäre ich auf irgendeinem schrabbeligen Campingplatz im Schwarzwald, wo ich statt einer Toilette einen Eimer benutzen musste und einem nach dem Duschen im Gemeinschaftsbad die Haare von fünfzig verschiedenen Menschen zwischen den Zehen klemmten.

Eine weitere Vorgehensweise bestand darin, das zu Türmen gestapelte Geschirr sehr lange und sehr, sehr böse anzustarren, damit die Verschmutzungen von alleine abfielen. Spoiler: Das funktionierte nicht.

Um es kurz zu machen: Die zwei Wochen waren meine persönliche Hölle und ich verspürte plötzlich eine seltsame Mischung aus tiefem Respekt und absolutem Unverständnis für meine Mutter, die seit über dreißig Jahren ohne Spülmaschine das Geschirr per Hand säubert. Selbst, als sie mit mir und meiner Schwester zwei verfressene Bestien zu Hause hatte, die täglich so viel Geschirr verbrauchten wie das Redaktionsteam vom Bachelor Rosen verbraucht.

Umso glücklicher war ich, als endlich der Tag gekommen war, an dem der Techniker bei mir klingeln würde. Wie es sich für einen anständigen Kundenservice gehört, hatten wir dafür ein Zeitfenster von 12 bis 18 Uhr ausmachen müssen, in dem ich durchgehend zu Hause zu sein hatte. Da ich um nichts in der Welt den Techniker verpassen wollte, traute ich mich nicht mal, innerhalb dieses Zeitfensters zur Toilette zu gehen, und wartete mit angespannter Beckenbodenmuskulatur auf einem Stuhl sitzend im Flur. Als es klingelte und ich aufsprang, hätte ich beinahe meinen Blaseninhalt verloren. Der Techniker war ein netter Mann in den Fünfzigern mit wenig grauem Haar und einem Knie am Hinterkopf, also einer kreisrunden Halbglatze. Er fragte freundlich, was das Problem sei, ich antwortete freundlich, die Tür ließe sich nicht mehr schließen. Er fragte freundlich, ob das Problem schon mal aufgetreten war. Ich sagte freundlich, Nein, das sei das erste Mal. Er fragte freundlich ob ich vorher etwas an der Spülmaschine verändert hätte, bei Selbstverschulden hätte man Anfahrt und Einsatz des Technikers selbst zu bezahlen. Ich schüttelte den Kopf und sagte freundlich Nein.

Er kniete sich freundlich vor der Spülmaschine hin, ja okay, er kniete sich ganz normal hin. Aber er war irgendwie trotzdem freundlich dabei. Er hatte so eine freundliche Allgemeinhaltung. Neben sich öffnete er einen gigantisch großen Werkzeugkasten, den man von der Dimension her zweifellos als Sargersatz für die

Beerdigung eines Erwachsenen hätte nehmen können, und legte einige Schraubenzieher, Zangen und Hammer fein säuberlich nebeneinander. Er sah ein bisschen so aus wie ein Zahnarzt, der seine Instrumente für die Wurzelbehandlung auspackte. Oder ein geisteskranker Soziopath, der damit gleich sein Opfer vor laufender Kamera zerstückeln würde. Dann öffnete er die Tür, zog die Einsätze heraus, in denen immer noch das dreckige Geschirr aus der funktionstüchtigen Phase steckte, und fragte, ob ich das mal herausgenommen hätte. »Nein«, sagte ich ein wenig peinlich berührt. »Ich habe das Geschirr eingeräumt, wollte die Spülmaschine anschalten, dann ging die Tür nicht zu und ich habe bei der Hotline angerufen. Das Geschirr habe ich dringelassen.«

Irgendwie sah es lässig aus, wie er da nun leicht gebückt zu mir gedreht stand, mich mit seinem Blick fixierte, während er mit dem Arm in der Spülmaschine verschwand, mich etwas abfällig angrinste und von ganz hinten einen kleinen Soßentopf aus der Maschine zog. Was nicht so lässig war: Danach ging die Tür ganz normal zu. »Huch?!«, sagte ich, ehrlich überrascht und guckte, als hätte er gerade mit einem Zauberstab eine Tütensuppe in Dieter Bohlen verwandelt. »Huch!«, imitierte er mich leicht belustigt und schwenkte den kleinen Topf direkt vor meinem Gesicht hin und her. »Der hatte sich verkeilt, Frau Baborie. Hätten Sie einfach mal rausholen und *gerade* reinlegen müssen.« Während ich sprachlos den Topf entgegennahm und ihn von allen Seiten begutachtete, als würde ich versuchen wollen herauszufinden, wie er darin nun Dieter Bohlen wieder hatte verschwinden lassen, packte der Techniker sein Werkzeug zurück in den Sarg und zückte ein Klemmbrett mit einem Formular. »*Reparaturschein*«, stand da dick und fett oben drüber und gleich in der nächsten Zeile zum Ankreuzen die zwei Möglichkeiten »*Garantiefall*« und »*selbst verschuldet, Kunde zahlt Einsatz*«. Der Kugelschreiber des Technikers schwebte für ein paar Sekunden über den zwei Zeilen wie eine Feder, die gerade von Harry Potter mit Gedankenkraft in der Luft gehalten wurde. Dann sackte er über der ersten Option nach unten, der Techniker setzte das Kreuz und gab mir das Klemmbrett zum Unterschreiben. Ich würde den Einsatz nicht selbst zahlen müssen. »Der ist aber auch klein, dieser Topf, sooo klein«, murmelte ich, während ich meinen Namen auf das Papier kritzelte. »Jaja, der ist winzig. Vor allem aber stand er aufrecht«, zwinkerte mir der Techniker zu und verschwand im Hausflur, mit seinem Psychopathenkoffer voller Folterinstrumente. Und mit meiner Würde.

LAURAS RANDOM FACT:
WARUM MÄNNER WEGEN IHRES LANGEN HAARS ZU MUSIKINSTRUMENTEN WERDEN KÖNNEN

Männer haben keine Cellulite, Männer brauchen sich nicht durch Periodenschmerzen kämpfen, Männer müssen keine Kinder zur Welt bringen und Männer haben auch noch das bessere Schweifhaar, zumindest wenn sie ein unkastriertes Pferd sind. Denn das Schweifhaar von Hengsten kann zwischen 80 und 130 cm lang werden und da Hengste einen Dödel haben, sind diese Haare nicht mal von Urin angegriffen, anders als bei den Girly-Pferden. Und was bedeutet das? Richtig. Das unangepinkelte Schweifhaar von Hengsten wird für den Bogen vieler Musikinstrumente benutzt. Rein theoretisch könnten männliche Pferde also richtig Cash machen im Musikbiz. Und das nur, weil sie einen Penotius haben. So ein Hengst ist am Ende also auch nur der Jay Z unter den Pferden.

Da möchte ich noch hinzufügen, dass Stuten ungefähr elf Monate ihre Fohlen austragen, also auch noch länger mit der Kugel rumrennen als menschliche Stuten, was ja wohl eine Zumutung ist – this is a stallion's world!

ARIANA

182

WARUM ICH MEINEN FÜHRERSCHEIN HIERMIT FREIWILLIG ABGEBE

.LAURA.

Stellt euch mal vor, ihr würdet seit elf Jahren regelmäßig joggen gehen. Ihr könntet wahrscheinlich locker einen Marathon laufen. Oder ihr würdet seit elf Jahren Spanisch lernen. Ihr könntet euch im Barcelona-Urlaub mit jedem fließend unterhalten.

Elf Jahre sind eine verdammt lange Zeit. In elf Jahren kann man alles erreichen und in so vielen Dingen richtig gut werden. Und doch haben mir elf Jahre nicht geholfen, um eine Sache zu beherrschen, die für rund siebzehn Millionen Menschen in Deutschland problemlos funktioniert: Auto fahren!

Seit Dezember 2007 besitze ich einen Führerschein und ich dachte damals, dass mir nun alle Türen offen stehen würden. Ich sah mich mit flatterndem Schal und riesiger Sonnenbrille in einem Cabrio durch Südfrankreich fahren. Ich stellte mir vor, wie ich mit salzigen Haaren und einem Surfbrett auf dem Dach an der Küste von Kalifornien langcruise. Und natürlich war ich mir sicher, dass ich eines Tages in einem karierten Holzfällerhemd in meinem VW Bus sitzen würde, um einen Roadtrip durch Kanada zu machen. Ich versprach mir die komplette Freiheit und bekam stattdessen eine niemals enden wollende Fahrt durch die Hölle. Statt Meeresluft und dem Duft kanadischer Wälder spüre ich hinterm Steuer nämlich nur eine Sache, und das ist Panik. Die beginnt schon mit dem Ausparken. Woher soll ich wissen, ob rechts und links ein anderes Auto kommt, während ich aus der Parklücke will? Muss ich dann wieder zurückfahren oder wartet das andere Auto, bis ich fertig bin, und beobachtet mich der Fahrer die ganze Zeit dabei und ist genervt von mir, weil ich so lange brauche, um auszuparken? Allein bei diesem Gedanken muss ich schon mal meine Jacke ausziehen und mir einen Zopf machen, weil ich vor Stress anfange zu schwitzen. Dann rutsche ich mit dem Sitz bis ganz nach vorne, starte den Motor, atme tief durch und singe das Kinderlied »Ich schaff das schon« von Rolf Zuckow- ski. Und dann geht sie los, die wilde Fahrt. Okay, so wild ist die Fahrt gar nicht, denn ich fahre nie schneller als fünfundvierzig Stundenkilometer und wurde deswe- gen schon dreimal von der Polizei angehalten, weil sie dachten, ich wäre besoffen, weil ich so langsam fahre. Leute, ich bin nicht betrunken, ich bin nur vorsichtig! Und genau das ist das Problem. Die anderen Autofahrer sind nämlich nicht vorsichtig. Zumindest nicht in Ber- lin. In meiner Heimatstadt Parchim ist das alles easy. Da gibt es nur eine Spur pro Richtung und die Leute sind entspannt, denn je mehr Zeit sie im Auto verbringen, desto weniger Langeweile haben sie zu Hause. Aber die Menschen in Berlin, die haben Zeitdruck. Die müssen zum nächsten Shooting nach Mitte. Oder, so schnell es geht, nach Kreuzberg, weil sie schließlich ihr neuestes Projekt pitchen müssen. Dazu kann ich nur eins sagen: »Fahrt halt rechtzeitig los. Dann müsst ihr mich nicht so stressen.« Ich mache allein diesen Druck der anderen Autofahrer für meine Fahrphobie verantwortlich. Wie sie hinter mir drängeln und mich überholen wollen, weil ich ihnen nicht schnell genug bin. Ich spüre ihre Ungeduld im Nacken wie den Kaffeeatem meines Nachhilfelehrers, der mir über die Schulter dabei zugeguckt hat, wie ich Dezimalbrüche rechne. Es fühlt sich an, als würden die anderen Autofahrer mir in die Hacken fahren. Wie ungeduldige Rentner an der Supermarktkasse, die mir ihren Einkaufswagen gegen die Füße rammen, weil ich nicht schnell genug einpacke. Euch Dränglern da draußen auf den Straßen will ich eine Sache sagen: Ich finde euch so was von scheiße. Ihr macht, dass mein Herz ganz schnell anfängt zu schlagen. Ihr macht, dass ich Schweißhände bekomme und mir die Tränen in die Augen schießen. Ihr seid schuld daran, dass ich aus lauter Nervosität mein Auto absaufen lasse und ihr dadurch auf die nächste Grünphase warten müsst. Ihr macht durch eure ätzende Art alles noch viel langsamer. Und was wollt ihr jetzt machen? Hupen?

Jeder Mensch sollte erst mal einen Geduldstest machen und checken lassen, ob er die Hupe überhaupt verdient hat. Das Einzige, was ihr mit eurer verkackten Hupe auslöst, ist nämlich Belästigung. Ihr fühlt euch vielleicht überlegen und wie die Könige der Straßen, aber ich gebe euch gerne Physiknachhilfe: Ihr kommt durch euer Hupen trotzdem nicht schneller voran. Wenn ich noch einmal erlebe, dass mich jemand anhupt, weil ich nicht flott genug über die Ampel gefahren bin, dann halte ich an, steige aus und tanze. Ich tanze eine Choreo zu eurem Hupkonzert. Schade, dass das auf der Autobahn nicht funktioniert. Die Schnelligkeit, die da herrscht, hat für mich leider etwas Unnatürliches. Wie können Leute hundertfünfzig Stundenkilometer fahren und dabei genüsslich ein Thunfischsandwich für acht Euro von der Raststätte essen? Seid ihr komplett irre? Mein Freund raucht einfach mal eine fucking Zigarette, während er auf dem Beschleunigungsstreifen unterwegs ist. Die Fahrt auf diesem Streifen ist für mich schlimmer als eine Wurzelbehandlung und ein Abstrich beim Frauenarzt gleichzeitig. Denn, liebe Autobahnbauer, ich habe ein Feedback für euch. Euer Beschleunigungsstreifen ist leider zu kurz. Die schnellsten Autos der Welt sind unterwegs. Wie soll ich auf diesem kleinen Ministreifen in kürzester Zeit so schnell beschleunigen, dass ich auf die Autobahn komme, ohne einen Herzinfarkt zu bekommen?

Eure Geschwindigkeit, mit der ihr euch fortbewegt, ist für mich krank. Ihr macht mir Angst und lasst mich zusammenzucken, wenn ihr an mir vorbeirast, als würdet ihr ein fucking Rennen gewinnen wollen. Ich frage mich nur, welches Rennen? Die Erde ist keine Scheibe, ihr werdet niemals Erster sein auf der Autobahn. Weder dort noch in der Stadt und schon gar nicht in der kleinen engen Straße, in der ich gerade versuche einzuparken. Ich habe das mit dem Parken schon mal gelernt und ausgewählte, berechtigte Menschen haben entschieden, dass ich das sogar so gut kann, dass sie mir einen Führerschein ausgestellt haben. Aber es ist wie mit Sex und auf Toilette gehen, ich kann eben nicht, wenn jemand guckt. Also guckt doch bitte weg oder fahrt an mir vorbei, wenn ich versuche, in die kleinste Parklücke der Welt zu kommen. Denn sonst passiert mir immer das Gleiche: Ich parke so schlecht und hektisch ein, dass ich mich verkeile und nicht mehr selbstständig aus der Parklücke rauskomme. Dann muss ich heulend meinen Freund anrufen. Der muss mit der U-Bahn eine halbe Stunde einmal quer durch Berlin fahren, um mich aus der Parksituation zu befreien, und ist sauer auf mich und rät mir, noch mal Fahrstunden zu nehmen. Ich brauche keine Fahrstunden, ich brauche

Und nicht zu vergessen ich, die wartet! Einmal wollten Laura und ich den Podcast aufnehmen und Laura wollte um 16 Uhr da sein. Um 16:30 Uhr war sie immer noch nicht da und Laura ist sonst eine *sehr* pünktliche Person. Plötzlich rief sie an und sagte mit tränenerstickter Stimme, sie stünde seit einer halben Stunde bei mir vor der Tür, aber wäre zu dicht an ein anderes Auto gefahren beim Einparken und nun warte sie auf ihren Freund, der mit der Bahn komme und das Auto ausparke. Warum sie nicht mich angerufen hat, weiß ich bis heute nicht und ich sehe es als Beleidigung meiner Fahrkünste an.

ARIANA

freundliche Mitmenschen im Straßenverkehr. Mir nützen diese Aussagen nichts: »In Berlin musst du halt frech sein. Da brauchst du Ellenbogen, wenn du mit dem Auto unterwegs bist.« Was ist denn das für ein Ratschlag? Sei möglichst beschissen und unfreundlich, dann darfst du in Berlin Auto fahren? Wenn das die Regeln sind, dann möchte ich meinen Führerschein bitte freiwillig wieder abgeben und gegen einen Parchim-Führerschein eintauschen. Dann ziehe ich mir halt dort ein kariertes Hemd an und fahre durch die Dörfer und tue einfach so, als wäre das ein Roadtrip durch Kanada. Und wie Phil es in Modern Family schon machen wollte, verkaufe ich auf meinen Fahrten die »Freundliche Hupe«. Die kann »Entschuldigung« und »Guten Tag« sagen. Das sind die einzigen Formulierungen, die man braucht, wenn man durch Kleinstädte fährt.

Und während ihr fluchend und aggressiv durch Berlin fahrt und jeden Tag gestresst nach Hause kommt, weil ihr so sauer seid auf Menschen, die wieder mal nur fünfundvierzig Stundenkilometer statt fünfzig gefahren sind, mache ich einen Roadtrip durch Parchim, parke mit meinem VW Bus vor dem Wockersee, bin tiefenentspannt und werde hundert Jahre alt.

WARUM ICH DUSCHKABINENTÜREN NIEMALS ZUMACHE, NIEMALS!

.ARIANA.

Wer unseren Podcast kennt, der weiß schon, dass Laura und ich einige merkwürdige Macken haben. Ich glaube, im Mittelalter hätte man Experimente mit uns gemacht oder uns aufgrund unserer Verschrobenheiten gleich verbrannt mit der Vermutung, wir seien Hexen.

Wir führen laut Interviews mit uns selbst, wir trinken tagelang keine Flüssigkeit, weil wir uns vor Wasser ekeln, wir stellen uns vor, dass wir Hunde sind. So was eben.

Als ich neulich im Hotel war, ist mir eine weitere Eigenschaft aufgefallen und ich finde sie zu gleichen Teilen fragwürdig und sehr, sehr vernünftig.

Im Gegensatz zu meinem eigenen Bad zu Hause, dessen Dusche mit einem simplen Vorhang aus Polyester verschlossen wird, findet man in Hotels nämlich meist Duschkabinen mit Glastüren. Verschließbare Glastüren. In der Theorie sollen die mit einem einfachen Griff oder Stoß dagegen wieder zu öffnen sein. Wenn man sich allerdings im Allgemeinen auf die Theorie verlassen würde, wäre auch bis heute noch nie ein Flugzeug abgestürzt.

Schon alleine der Anblick dieser Duschkabinentüren versetzt mich in Panik und sofort läuft vor meinem inneren Auge dieser Film ab, unterlegt mit dramatischer Violinenmusik: Ich, wie ich versuche, die Tür nach dem Duschen wieder zu öffnen. Und es geht einfach nicht. Aus Gründen. Es gibt also vieles, was ich mit einer Duschkabinentür in Hotels tun würde, nur eines mache ich nicht: sie schließen. Niemals. Auf gar keinen Fall.

In meiner Vorstellung gibt es so viele Szenarien, die eintreten könnten, wäre die Tür einmal unwiderruflich geschlossen, dass ich darüber ein ganzes Buch schreiben könnte (Spoiler-Alarm).

MÖGLICHES SZENARIO 1:

Situation: Ich dusche (Captain Obvious winkt kurz in die Runde). Die Duschkabinentür habe ich verschlossen, weil ich kurz die risikofreudige Abenteuerlust eines Abiturienten verspürt habe, der gerade die Schule abgeschlossen hat und nun ohne Plan und Rückflugticket in den australischen Outback reist, um was zu erleben. Er weiß nicht, was passieren wird und wie es dann weitergeht, same here. Einfach mal mutig sein. Einfach mal was wagen.

Nach der durchschnittlichen Duschzeit von acht Minuten möchte ich den Glaskasten wieder verlassen, stoße die Tür an und dagegen. Zweiter Versuch: Error. Die Tür geht nicht mehr auf. Ich versuche, ruhig zu bleiben, was mir schwerfällt, denn direkt hinter der Dusche ist ein Spiegel angebracht, sodass ich mich gerade selbst dabei beobachten kann, wie ich nackt an einem silbernen Knauf rüttele, der nicht den Anschein macht, nachgeben zu wollen, und das ist nicht unbedingt das Schönste, was meine Augen je erblickt haben.

Da im Bad keine Uhr hängt (Wer hat das eigentlich erfunden? Was ist so schwer daran, eine verdammte Uhr im Bad anzubringen?!), habe ich nach einer Weile das Zeitgefühl verloren. Allerdings auch meine Geduld. Und da weder Rütteln noch Drücken, Schieben, Schütteln oder Stoßen bislang etwas gebracht haben und ich mir sicher bin, mittlerweile sind zwei bis drei Wochen vergangen, fasse ich einen Entschluss: Jetzt wird geschlagen. In den Filmen sieht das ja immer ganz einfach aus. Dass die dafür aber Glasscheibenimitate aus Zuckermasse verwenden, habe ich kurz vergessen. Also balle ich die rechte Faust, springe noch rockymäßig ein bisschen auf und ab, nehme einen kurzen Anlauf (kurz heißt in diesem Fall etwa fünfzehn Zentimeter, größer ist die Dusche ja nicht) und ballere mit den Knöcheln voran direkt in die Scheibe. Das Glas zerspringt, splittert, meine Hand ist blutüberströmt – tot.

SZENARIO 2:

Ich bin wieder in der Dusche und bekomme die Tür nicht auf, das Thema hatten wir bereits. Eine innere Stimme sagt mir jedoch, dass es zu gefährlich und nicht zielführend ist, mit der bloßen Faust die Glastür einzuschlagen. Vielleicht habe ich das in einem früheren Leben schon mal gemacht und bin gescheitert, ich habe da so ein Gefühl. Also lasse ich das. Und frage mich stattdessen, was ich tun würde, hätte ich mich beispielsweise in einer Hütte im Wald eingeschlossen oder auch in meiner eigenen Wohnung statt in einer Dusche. Klar, ich würde per Handy Hilfe rufen. Mein Handy!

Da liegt es, auf der Ablage neben dem Waschbecken, und dudelt über einen Streaming-Dienst Elton-John-Musik. Ich liebe Elton John.

Gerade singt er allerdings irgendwas über den Circle of life und vom Rad des Glückes, vom Band der Hoffnung und dass alles, was geschieht, nun mal der Kreislauf des Lebens ist. Ja super, danke auch, Elton! Für nichts.

Es ist ziemlich absurd, dass mein Handy so greifbar nah erscheint und wir nur durch eine lächerliche Glasscheibe voneinander getrennt sind. So nah und doch so fern. Ich starre es an und komme mir dabei vor wie ein Gefängnisinsasse, der durch eine Panzerglasscheibe Besuch von einem Familienangehörigen bekommt, der ihm schmerzlich bewusst macht, dass zwar nur eine Glasscheibe die zwei trennt, die beiden Leben dahinter sich jedoch durch eine Sache grundlegend voneinander unterscheiden: Freiheit. So auch jetzt.

Warum kann man Handys nicht mit in die Dusche nehmen, verdammt?

Als ich noch ein Kind war, hatten wir zu Hause ein Duschradio. Das war toll! Das konnte man direkt in der Dusche aufhängen und so aus nächster Nähe Musik hören, während einem fünftausend Liter Wasser niagarafallartig auf den Kopf donnerten. Und mein Handy gibt schon den Geist auf, wenn ich damit in Berlin zehn Sekunden durch einen leichten Märzregen laufe, und muss sich daraufhin erst mal eine Woche lang in einer Schale Reis erholen, ehe ich es wieder anmachen und das fehlerhafte Display anbeten darf, dass die Fotos und Kontakte nicht gelöscht sind.

Als mir noch mal die Sache mit der Gefängnis-Panzerglasscheibe durch den Kopf geht, kommt mir ein Gedanke. Wie fliehen Häftlinge in Filmen aus dem Knast? Richtig: mit aneinandergeknoteten Bettlaken. Oder Handtüchern. Ein großes Badetuch hängt über der Duschkabine. Die knüpfenden Kinder in Indien haben ganze Arbeit geleistet, denn ich habe große Mühe, es in schmale Streifen zu reißen. Am Ende halte ich aber eine Art drei Meter langes Seil aus Handtuch in der Hand. Großartig! Und nun?

Ich weiß, dass meine Handyhülle eine abgebrochene

Ecke hat, an der ich ständig mit meinen Haaren oder dem Pulloverärmel hängen bleibe. Wenn es mir gelingt, mit meinem Handtuchseil diese Ecke zu erwischen, könnte ich das Handy vorsichtig daran hoch- und über die Duschkabinentür ziehen. Wie mit einer Angel. Aus Handtuch. Eine Handtuchangel, wer kennt sie nicht.

Das Auswerfen meiner Angel aus Handtuch funktioniert schon mal nur so mittelmäßig. Als Erstes treffe ich die Deckenleuchte, deren gläserne Abdeckung mit einem lauten Klirren auf dem Steinboden aufschlägt. Nun ragen nackte Kabel aus der Decke, eins davon schlägt schon Funken, die zischend in der Wasserpfütze auf dem Fliesenboden verdampfen (das ist unrealistisch, ich weiß, aber so stelle ich es mir eben vor, okay?).

Auch der zweite Versuch geht ins Leere, beim dritten klappt es! Meine Angel aus Handtuch hat sich in der abgebrochenen Ecke der Handyhülle verhakt und zieht das Handy gerade millimeterweise auf den Rand der Ablage zu. Mittlerweile läuft das euphorische »Time of my life« von Bill Medley und Jennifer Warnes und ich denke: »Ach haltet doch die Fresse.«

Die Rettung scheint so nah und trotzdem muss ich mich zügeln, in meiner Euphorie nicht zu schnell zu ziehen an meiner Angel aus Handtuch, um das Handy nicht fallen zu lassen. Als ich es am Wasserhahn vorbeiziehen will, verhakt es sich. »Nein, nein, nein, nein!«, denke ich.

»Doch, doch, doch, doch!«, sagt das Handy. Was dann passiert, sehe ich in Zeitlupe, obwohl es natürlich in Echtzeit geschieht: Das hinter dem Wasserhahn verkeilte Handy löst den Griff des Wasserhahns, dieser hebt sich langsam nach oben, das Wasser schießt aus dem Hahn, direkt auf das Handy, das fängt an, in zuckenden blauen Blitzen zu leuchten, der Strom läuft über meine Angel aus Handtuch direkt in die Duschkabine, die Funken aus der herausgerissenen Deckenbeleuchtung springen über, mich erwischt ein Schlag – tot.

SZENARIO 3:

Duschen, fertig, Glastür zu, been there, done that. Ich bin eingeschlossen.

Ich denke für einen kurzen Moment daran, die Glasscheibe mit der Faust einzuschlagen oder irgendwie an mein Handy zu kommen, das wenige Zentimeter von mir entfernt auf der Ablage des Waschbeckens liegt. Vielleicht mit einer Handtuchangel.

Aber irgendetwas sagt mir, dass beides keine gute Idee ist. Es muss weibliche Intuition sein.

Nachdem ich versucht habe, einen so schrillen Ton zu singen, dass das Glas zerspringt, die Scheibe mit Gedankenkraft frei nach Uri Geller zum Schmelzen zu bringen, und dann noch, sie aus ihrem Rahmen zu heben, alles ohne Erfolg, höre ich ein Klopfen. Noch mal. Und dann eine Stimme.

»Zimmerservice!«

Schlagartig schöpfe ich Hoffnung. Zimmerservice, natürlich! Die könnten erst die Tür des Hotelzimmers und dann die vom Bad öffnen und mich retten.

»Kommen Sie rein!«, rufe ich.

»Nein?«, fragt die Stimme im Hotelflur.

»Rein!«

»Okay, nein. Ich komme später wieder.«

Panik macht sich breit in den zwei Quadratmetern der Dusche.

»Halt, stop! Helfen Sie mir!«, mittlerweile brülle ich. Stille.

»Können Sie mich verstehen?«, frage ich, weil es verdächtig ruhig ist.

»Nein«, sagt die Stimme. »Ich kann Sie nicht sehen.«

Okay, wow. Natürlich nicht, die Zimmertür ist ja auch zu. Wer steht da, frage ich mich, Doofy aus Scary Movie?

»Die – Du – sche – ist – de – fekt!«, rufe ich sehr langsam und überartikuliert.

»Freut mich«, sagt die Stimme aus dem Flur nach kurzem Zögern, »dass die Dusche perfekt ist. Schön, dass Sie Ihren Aufenthalt bei uns genießen.«

Hallelujah.

»Ja, das würde ich gerne, aber ich bin eingesperrt! Verstehen Sie? Ein – ge – sperrt!«

»Ein eigenes Pferd? Oh, das ist aber schön. Wie heißt Ihr Pferd?«

Ist das hier versteckte Kamera?

»HILFE!!!!!!«, brülle ich und schlage mit beiden Fäusten auf die Wand ein. Gerade als ich zwischen meinen Schlägen und einer Orchesterouvertüre von Beethoven leichte Ähnlichkeiten heraushöre und mich frage, ob ich eigentlich eine gute Komponistin wäre, antwortet die Flurstimme zum ersten Mal etwas Sinnvolles.

»Hilfe? Brauchen Sie Hilfe?«

»JAA!«, schreie ich hysterisch und halte mir schmerzend die Faust.

Ich höre ein kurzes Piepen, dann klickt das Kartenlesegerät an der Zimmertür und sie öffnet sich quietschend. Von der Zimmertür aus kann man direkt ins Bad sehen und dank der gläsernen Kabine bis in die Dusche rein. Fatal. Dort steht ein etwa fünfundzwanzigjähriger Typ in Hoteluniform mit zurückgegeltem Haar und kantigen Brad-Pitt-Gesichtszügen und starrt mich an, wie ich nackt in der Dusche stehe mit rot angelaufenen Fingerknöcheln und mittlerweile luftgetrocknetem, krausem Haar, das dank des fehlenden Stylings wie ein explodierter Strohballen heiligenscheinartig um meinen Kopf herum absteht. Mein Peinlichkeitszentrum im Gehirn hat einen Kurzschluss – tot.

Das sind nur drei von etwa dreitausend möglichen Szenarien, die mir vorschweben für den Fall, dass ich eine Duschkabinentür schließe und sie sich nicht mehr öffnen lässt. Und da jedes einzelne davon mit dem Tod endet, ist mein gut gemeinter Tipp: Schließt niemals die Glastür in der Hoteldusche. Niemals. Und: Wischt danach gut den Boden, weil das Duschwasser, das durch den offenen Spalt herausläuft, den Boden sehr, sehr rutschig macht. Und wenn ihr da nach dem Duschen reintretet – tot.

DANKE UND TSCHÜSS!

Laura: Na das war ja 'ne wilde Fahrt, Ariana.

Ariana: Jetzt haben wir ein Buch geschrieben?!

Laura: Können wir eigentlich schon eine Sache abhaken auf unserer Liste des Lebens.

Ariana: Was steht noch auf deiner Bucket List?

Laura: Gel-Nägel an den Fingern.

Ariana: Aber hast du doch schon, oder?

Laura: Stimmt, kann ich auch abhaken. Aber es *war* immer auf meiner Bucket List oben drauf. Sonst hab ich eigentlich alles erreicht im Leben … und bei dir?

Ariana: Hmm … ich hätte gern einen richtig guten kabellosen Staubsauger.

Laura: Hab ich …

Ariana: Wirklich?

Laura: Ja, der hat 400 Euro gekostet! Aber du, es hat sich gelohnt.

Ariana: Den brauch ich auch! Weil bei mir liegen seit einiger Zeit Linsen zwischen den Dielenritzen, die hab ich für 'ne witzige Instagram-Story gebraucht. Und jetzt klemmen die Linsen da.

Laura: Ich kann dir den ausborgen.

Ariana: Ach das wär nett, oder wir verkaufen einfach richtig viele Exemplare von diesem Buch, dann kann ich mir den auch leisten.

Laura: Auch 'ne gute Idee. Müssen wir uns jetzt noch bei jemandem bedanken?

Ariana: Nee, bei wem denn? Wir haben das ja alles alleine geschrieben. Aber wenn bis hierhin Leute lesen, haben Leute das Buch gekauft. Zumindest denen können wir ja danken, oder?

Laura: Das auf jeden Fall! Danke, Leute. Echt. Aber sonst, wenn man sich so 'ne Danksagung am Ende eines Buches anguckt, dann steht da immer die ganze Familie und Freunde und so was alles drin. Das machen wir nicht? Die haben da jetzt nichts mit zu tun?

Ariana: Nee ... also mir hat niemand geholfen. Immer, wenn ich jemandem gesagt habe, wir schreiben ein Buch, haben die mich ganz komisch angeguckt.

Laura: Stimmt.

Ariana: Und dann haben die gefragt: Worum soll's darin gehen? Dann hab ich gesagt: Weiß ich nicht. Und dann haben die noch komischer geguckt.

Laura: Also ich, doch ich möchte schon einer Person danken. Ich möchte meiner Freundin Maria danken, weil sie mir nämlich geholfen hat, auf die Geschichten zu kommen. Weil: sie ist mein Erinnerungsvermögen als Person. Ein personifiziertes Erinnerungsvermögen ist sie.

Ariana: Weißt du, was wir jetzt hier an der Stelle noch

machen können? Wir könnten eine Muster-Bewertung schreiben, die können die Leute dann einfach abtippen. Eine Bewertung, über die wir uns richtig doll freuen würden.

Laura: Oh das ist gut! *Dieses Buch hat mein Leben verändert,* als Überschrift.

Ariana: Und weiter: *Kauft es euch!* Fertig.

Laura: *Dieses Buch hat mein Leben verändert. Kauft es euch!?* Das soll eine authentische, überzeugende Bewertung sein?

Ariana: Ja! Und alle Sterne, die gehen. Wie viele Sterne sind das?

Laura: Alle. Und soll da noch was stehen in der Bewertung?

Ariana: Ein Herz ... vielleicht ...

Laura: So ein Herz aus ...

Ariana: ... und ein Bier-Emoji!

Laura: So ein Herz aus so 'nem, so 'ner ...

Ariana: Ein Herz aus Bier!

Laura: Aus < und ...

Ariana: ... und einer 3!

Laura: Kleinerzeichen und 3, genau! Ja gut, dann machen wir das so.

Ariana: Si claro. Eso es un plan!

Hier für euch die Bewertung zum Abtippen:
Dieses Buch hat mein Leben verändert! Kauft es euch!
⭐⭐⭐⭐⭐ 🍺 <3

Verlag Kiepenheuer & Witsch, FSC-N001512

1. Auflage 2019

Umschlaggestaltung Barbara Thoben, Köln
Umschlagmotiv © EYECANDY Berlin
Gesetzt aus der Karmina und der Good Pro
Satz Wilhelm Vornehm, München
Druck und Bindung CPI books GmbH, Leck
ISBN 978-3-462-05166-7